체인지업
4.0

헤어 비즈니스 시장의 판을 바꾸는 남자

체인지업 4.0

초판 1쇄 인쇄 2023년 3월 6일
초판 1쇄 발행 2023년 3월 9일

지은이 카이정

발행인 백유미 조영석

발행처 (주)라온아시아
주소 서울특별시 서초구 효령로 34길 4, 프린스효령빌딩 5F

등록 2016년 7월 5일 제 2016-000141호
전화 070-7600-8230   **팩스** 070-4754-2473

값 17,000원
ISBN 979-11-6958-037-3 (13320)

라온북은 독자 여러분의 소중한 원고를 기다리고 있습니다. (raonbook@raonasia.co.kr)

CHANGE UP

4.0

체인지업 4.0

카이정 지음

RAON
BOOK

20세기 헤어살롱 시스템은 끝났다

2020년 5월 25일, 코로나19로 세상이 멈추었을 때, 그리고 모두 안 된다고 했을 때 '카이정헤어'는 시작되었다.

2022년, 코로나19는 지속되었지만, 우리는 2년 반 만에 한 개의 지점에서 카이정헤어 DMC점, 서교점, 홍대상수점, 영등포점, 용인강남대점, 분당야탑점, 마포공덕점, 마포합정점의 8개 지점으로 성장했으며, 두 개의 아카데미와 한 개의 코스메틱 브랜드로 성장했다. 8명으로 시작한 직원 수는 100명이 되었고, 매출은 3,000% 성장했다.

어떻게 가능했을까? 답은 간단하다. 접근방법이 달랐기 때문이다. 카이정헤어는 기존 브랜드의 방법을 따라가지 않았다. 코로나19가 발발하기 이전부터 시대 변화는 시작되었다. 디지털세대가 주를 이루던 XY세대에서 MZ세대로의 변화가 시작되었고, 단지 코로나19는 그 시대의 변화를 가속했을 뿐이다. 기존에 하던 마케팅, 기존에 하던 세일즈, 기존에 하던 영업 방식은 새로운 세대에게 만족을 주기에는 너무도 다른 가치였다. 이미 시작된 변화를 코로나19는 빠르게 채찍질했을 따름이다. 그렇기 때문에 위기 속에서 명확하고 선명하게 성장하기 위해서 다른 브랜드가 해오던 것들을 철저하게 따라가지 않고 확실하게 성장할 수 있는 것들에 집중했다. 같은 방식, 차이가 없는 마인드로 접근해서는 안 될 일이었다.

또 감으로 하는 마케팅이나 세일즈가 아닌, 철저하게 고객의 시선에서 고객의 니즈를 해소하고 만족을 주기 위해 기존 미용업의 시스템을 버리고 우리만의 가치와 만족으로 승부해 초고속 성장을 이루어 나갔다. 이러한 방법을 '초집중, 초격차'라고 한다.

2001년에 미용업계에 입문해 나는 21년 동안 여러 차례 이 업의 형태가 성장해 가는 것을 눈으로 보고 익히고 함께했다.

　머리만 잘하면 되었던 1세대 기술 중심의 시대에서, 가맹과 기업화 등 자본을 바탕으로 성장한 서비스 중심의 2세대, 그리고 SNS의 파급력을 이용해 개인의 브랜딩으로 성장한 3세대를 지나, 만족이라는 본질로 승부하는 4세대로 미용의 '업태'가 변했다고 생각한다. 지금의 미용은 마케팅도, 세일즈도, 기술도, 서비스도 아닌, '니즈'에 대해 만족을 줄 수 있는지 없는지로 판가름 나는 시대이다. 더 이상 마케팅과 세일즈는 우위에 있을 수 없고, 이러한 부분은 아무리 노력해도 크게 성과를 볼 수 없다. 이유는 단순하다. 바로 경쟁력이 없어졌기 때문이다.

　과거 10년 전만 하더라도 인플루언서라고 부르는 스타 미용인의 수는 많지 않았다. 소수의 인플루언서가 SNS 판도를 주도하고, 우리 모두 그들을 동경하며 성장해 나갔다. 하지만 지금은 인플루언서 홍수라 해도 과연이 아닐 정도로 많은 스타 미용인들이 SNS상에 존재한다. 그렇기 때문에 경쟁력은 떨어지고 우위에 설 수 없게 되었다. SNS 시대로부터 본질 만족의 시대로 넘어간 지금은 모든 판도가 바뀌었다.

카이정헤어는 그 흐름을 읽고 가장 먼저 헤어 비즈니스 시장의 판도를 바꾸기 위해 모든 것들을 새롭게 만들어 냈다. 그리고 그 판도 변화의 중심에 우뚝 자리 잡았다. 판도 변화 속 모든 것을 실력과 노력으로 입증해 내는 것이 현대미용의 승패이다.

카이정헤어 10배 성장의 본질
: 경영의 핵심

2부

카이정헤어의 100배 성과 내며 일하기
: Change Up & High Output

1부

카이정헤어 10배
성장의 본질
: 경영의 핵심

01

가성비와 가심비,
오마카세 열풍

돈의 가치, 이는 소비에 있어서 가장 중요한 핵심이다. 얼마만큼 이 가치에 대해 이해하고 있는지는 결국 무한경쟁인 살롱 업계에서 가장 강력한 무기로 작용한다.

일반적으로 우리가 생각하고 있는 돈의 가치에는 만족도가 중요하다. 흔히 '가성비'라고 부른다. 그렇다면 가성비 있는 소비에 부합하는지에 대해 당연히 고민해 봐야 되는 부분이다. 현재는 가성비에서 '가심비'로 돈의 가치가 진화되었기 때문이다.

가심비를 이해하고 있지 못한다면 소비자의 마음을 절대로 얻을 수 없다. 우리는 가성비를 합리적인 소비를 하고 있는지의 지표로 보고 있다. 가성비는 가격을 지불했을 때 얼마만큼 성능과 기능에 부합하는지를 말하는 단어이다. 그러면 '가심비'는 무엇일까? 가심비는 소비를 했을 때 심리적인 만족을 줄 수 있는지를 표현하는 단어이다. 가성비와 가심비에 똑같은 역할이나 기준을 적용할 것인가에 대해, "그럴 수도 있고 아닐 수도 있다"라고 설명하고 싶다. 우리는 소비자를 만족시키기 위해서 가성비와 가심비 둘 다 이해하고 활용할 수 있어야 된다. 모든 전략은 가성비와 가성비에서 나온다.

미용에서 가격 대비 성능비를 만드는 가성비는 살롱 이용에 있어서 기술적 영역과 연결이 되어 있다. 가격을 지불했을 때 가격만큼의 스타일을 제공받을 수 있는지에 대한 성능비이다. 고객의 입장에서 가성비가 있으려면 당연히 지불한 만큼의 스타일은 나와야 한다고 생각한다. 그런데 고객의 마음으로 볼 때는 너무나 당연한 생각이지만, 실제로 살롱 입장에서 보면 그렇지 않다. 왜냐하면, 헤어스타일에는 고객과 디자이너 사이에 오차의 범위가 존재하기 때문이다.

그러면 고객에게 가성비를 만들어주기 위해 어떻게 해야 할까? 기준을 명확하게 세우는 것이 중요하다. 고객의 기준에서 가성비는 무엇일까 생각해 보면 된다. 헤어스타일에 있어서 고객이 느끼는 가성비에는 기술적 부분으로 완성하는 스타일의 만족도가 중요한 역할을 한다. 만족도 높은 기술을 제공하려면 단계별로 정확하게 헤어스타일의 적용이 이루어져야 한다.

이처럼 고객에게 가성비를 주는 과정을 3단계로 나누어 간략하게 설명해 보겠다.

첫 번째 단계, 상담 역량은 가성비의 시작이다.

상담은 고객이 원하는 스타일을 정확하게 인식하고 그들의 니즈를 파악하는 데 있어서 가장 중요한 역할을 한다. 그렇다면 정확하고 일관성 있는 상담은 고객에게 큰 가성비를 만들어준다.

가성비를 내기 위해서는 정확한 상담이 순차적으로 이루어져야 한다. 이를 위해 상담을 진행하기 전에 여러 가지 사항을 준비해야 한다. 먼저 고객의 이름, 성별, 최근 예약 내역, 최근 시술 내역 등도 반드시 숙지해야 하고 상담에 필요한 툴도 필요하다.

디자이너의 포트폴리오나 상담지를 사용하는 것만으로도 고객은 큰 신뢰를 느낀다. SNS를 아직까지도 안 하는 디자이너들이 상당히 많은데, 이를 선택의 영역이라고 생각하지는 않는다. 고객과의 완벽한 상담을 위해서라도 나의 포트폴리오는 필수이다.

또한 상담지는 일관적인 상담에 있어서 가장 중요한 준비사항이다. 상담지가 없이 질문하거나 정리하다 보면 내가 어떻게 고객과 상담을 진행할지, 가장 중요한 포인트가 무엇인지 찾는 데에 많은 시간을 허비하게 되어 있다. 상담지 활용을 통해 일관되게 상담을 진행해야 가성비를 만드는 고객 만족의 기준을 정확하고 빠르게 찾을 수 있다.

또 반드시 이미지화를 통한 상담으로 고객 만족도의 기준을 설정해야 된다. 헤어스타일은 굉장히 주관적이기 때문에 고객과 나 사이에 오차가 크게 존재할 수도 있다. 이미지를 통해 고객과 나의 오차를 최대한 줄이는 작업을 하지 않으면 아무리 기술적으로 완벽한 스타일을 구현한다고 해도 결국 고객의 마음에 들지 않을 것이다. 이러한 상담을 서비스의 개념으로 받아들이는 경우가 많은데, 그렇지 않다. 상담은 가장 근본적인 디자이너의 기술이다.

두 번째 단계, 소통의 기술적 표현 차이가 가성비의 근간을 만든다.

헤어디자이너들은 전문가이기 때문에 커트나 펌, 염색을 진행할 때 어떤 흐름과 방향으로 시술이 진행되는지 명확하게 알고 있지만, 고객은 그렇지 못하다. 따라서 고객들이 시술 과정에 집중하도록 소통할 수 있는 디자이너가 되지 못한다면 가성비를 단단히 세울 수 없다. 기술적 표현의 차이는 고객에게 디자인 구상을 설명하는 전달력, 그리고 디자인을 실제로 구현하는 실현 방법으로 나뉜다. 그런데 내가 지금 어떤 디자인을 하고 있고 이걸 어떻게 구체적으로, 기술적으로 구현하는지는 고객의 입장에서 굉장히 중요한 참여 포인트이다.

고객은 직접적으로 헤어스타일을 만들어 내는 기술은 가지고 있지 않지만, 소통을 통해 고객과 함께 만들어 가는 방향성을 찾는다면 단단한 가성비를 만들어 낼 수 있다.

특히 이러한 방향성에서 가장 중요한 건 쉬운 용어의 표현과 단순하고 명쾌한 소통 방식이다. 너무 전문적이면 고객이 알아들을 수 없고, 두리뭉실한 표현이나 질문을 이어간다면 고객은 선택할 수 없다. 살롱에서 일하는 많은 헤어디자이너들의 모습을 보면 상담 후에 개인적인 질문을 이어가거나 말없이 시술하는 경우를 종종 볼 수 있다. 이러한 모습은 단순히 성격이나 성향의 문제가 아니라 고객에게 가격에 대해 납득시킬 수 있는 요소가 없다는 말이다. 기술적으로 완벽하고 경력이 많은 만큼 집중된 모습으로 소통해야 한다. 고객과의 커뮤니케이션은 정확하게 이루어져야 하는 가장 고도화된 기술이다.

마지막 세 번째 단계는 '제안'으로, 다음 방문의 기대치와 추후 방문 목적의 이유를 만들어주는 가장 강력한 가성비 설정 요소이다. 디자이너들이 보통 시술이 끝나면 오늘 한 시술에 대해 피드백하거나, 스타일에 대한 주의사항, 손질법에 대해 피드백하는 건 당연히 많이 봐온 일이다. 하지만 기대치의 설정을 해주는 디자이너를 만날 확률은 극히 드물다.

제안으로 기대치를 설정해 준다는 건 어떤 의미일까? 바로 나에게 다음번에도 꼭 와야 하는 이유를 설명하는 것이다. 고객에게 감사의 인사를 하거나 다음 방문을 유도하는 것은 이미 너무 익숙해져서 그렇게 큰 임팩트를 줄 수 없다. 단, 내가 고객님의 불편사항을 해결할 수 있는 능력이 있고, 이 때문에 고객이 나에게 반드시 와야 한다는 걸 인지하게 된다면 그보다 더 큰 임팩트는 없다.

고객을 시술하면서 디테일하게 관찰하다 보면 성향이나 특징을 알 수 있다. 어떤 고객은 길이에 민감하고, 어떤 고객은 층에 민감하다. 어떤 고객은 질감에 민감하고 어떤 고객은 손길에 민감하다. 이런 민감한 부분들을 간파해 역으로 고객에게 알려주고, 그 부분에 대해 앞으로 디자이너가 불편한 부분을 해결해 줄 수 있다는 자신감을 보여주는 것, 이것이 제안이다. 고객은 이 제안에서 빠져나올 수 없다. 왜냐면 그동안 감사의 인사나 고마움의 표현, 재방문의 요청은 많이 들어봤지만, 나도 알지 못하는 나의 특징을 짚어서 그 부분을 해결해 준다고 하는 디자이너를 만나본 적이 없기 때문이다.

물론 마무리 응대에서 고객에게 감사함의 표현이나 재방문의 요청 등도 필수적인 부분이 될 수 있지만, 결국 다른 디자이너들과 차이점을 인식시키지 못한다면 가성비의 차이는 만들어질 수 없다. 이는 흔히 SNS에도 많이 사용되는 고도의 마케팅 방법인데,

얼마나 잘하는 건지 어필하는 것보다는 어떤 차이가 있는지를 알게 해주는 게 더 중요하다는 점을 고객 유인의 핵심으로 삼는다.

고객의 기준에서 보는 살롱 가성비의 3단계를 인지했다면 가장 기본이 되는 핵심을 이해했다고 생각하면 된다. 아무리 마케팅이나 서비스에 친절하더라도 위 단계를 각각 완벽하게 설정하고 기준을 정해놓지 않는다면 결국 가성비가 떨어져 고객의 만족으로 이어지지 않는다.

내가 생각하는 가성비는 가격 대비 120%의 만족을 주는 게 기본이다. 왜냐면 성장하는 매장은 100%의 만족에 기준을 두고 있지 않기 때문이다. 또한 고객들의 기준도 마찬가지라고 생각한다. 과거에는 시스템화되어 있는 살롱이 적었기 때문에 가성비라는 부분을 단순히 얼마나 똑같은 헤어스타일을 만들어 낼 수 있을까로 생각했지만, 이제는 다르다. 가성비의 기준도 판도가 바뀌었다.

가성비를 이해했으면, 이제 고객의 만족의 기준이 되는 '가심비' 설정에 대해 이해할 차례다. 가심비의 기준을 정하는 과정에서 변화된 소비 만족도를 충족하는 기준을 깨닫게 될 것이다. 가격 대비 심리적 만족도를 의미하는 가심비는 새로운 문화이다. 가심비 문화는 코로나19 시작 이후로 가장 빠르게 사람들의 마음속에 자리 잡은 변화이다.

판의 변화는 가심비로부터 시작되었다. 기존에 가격 대비 성능을 중요하게 생각했던 가성비에서, 심리적 만족을 모든 것의 기준으로 삼는 새로운 소비양식이다.

가심비 문화의 대표적인 예로 오마카세를 떠올리면 된다. 왜 사람들은 예약도 힘들고 딜레이도 많은 오마카세에 열광하는 걸까? 월급날, 기분 좋은 날 등에는 오마카세에 가는 것이 MZ세대를 통해 SNS를 타고 빠른 속도로 퍼졌고, 이미 대한민국은 오마카세 열풍에 빠져들었다.

오마카세는 일본어의 '맡기다'라는 의미인 '任せる(마카세루)'에서 명사형인 '任せ(마카세)'의 앞에 극존칭 접두사인 'お(오)'를 붙여 형성된 단어이다. '맡겼다'는 부분에서 알 수 있듯이 정해진 메뉴가 아니라 그날 셰프가 선정한, 혹은 가지고 있는 재료 등에 따라 스시 가게의 셰프에게 맡겨 정해진 요리를 내어주는 것을 의미한다. 한마디로 전문가 중심의 서비스이다.

대한민국에 오마카세 열풍이 분 가장 큰 이유를 함축해서 생각해 보면 가심비가 무엇인지 파악할 수 있다. 오마카세 가게의 대부분 특징은 많은 손님을 한 번에 받지 않는다는 것이다. 스시와 일식은 메인 셰프의 역량에 따라 결정되기 때문에 한 번에 받는 테이블 수는 고작 4~5석밖에 되지 않는다. 때문에 온전히 방문한 고객들만을 위해 재료를 준비하고 요리를 만들어 낸다. 고객들은 고객을 위해 만들어 내는 집중된 요리를 먹는다는 생각을 할 수밖에 없다.

요즘 MZ세대는 나를 위한 서비스에 길들어 있다. 사생활의 경계가 명확하고, 나눠 먹는 문화가 아닌, '먹고 싶은 한 끼'를 먹는 세대이기 때문에 이런 부분에 대한 니즈가 강력하다. 또한 디테일한 설명에 대한 욕구가 강하다. 소비하면서 전문가의 설명을 신뢰하며, 어떤 식재료로 어떻게 요리가 되었는지를 꼼꼼하게 설명해 주는 오마카세는 이러한 부분에서 당연히 강점이 될 수밖에 없다.

과거 대한민국은 믿고 맡긴다는 관념이 굉장히 강했다. 하지만 지금은 아니다. 무조건 믿고 맡기는 건 아직 사회생활을 시작한 지 얼마 안 되는 사람이나 하는 일이라고 생각한다. 고객들은 전문가의 말이나 지식을 믿고 그들의 피드백을 받아 최고의 결정을 받는 것을 가장 신뢰한다. 전문성이 극대화된 오마카세는 당연히 젊은 사람들에게 한 끼에 몇십만 원이나 소비하는 가심비를 만들어 낼 수밖에 없다.

그렇다면 판이 바뀐 미용 시장에서 가심비는 무엇일까? 바로 오마카세 전략을 따라 생각해 보면 된다.

요즘 고객은 공장형 프랜차이즈 숍의 디자인 같은 스타일을 하고 싶어 하지 않는다. 저마다의 개성이 있고 이러한 개성을 충족시켜줄 디자이너를 찾는다. 브랜드 선호도로 헤어숍을 더 이상 찾지 않으며, 특화되고 전문화된 매장을 찾는다. 또한 그 안에서 선택되는 디자이너도 커트, 펌, 염색, 또는 기장에 따라 전문화된 사람들을 찾는다. 그렇게 전문가에게 헤어스타일을 받아야 심리적 만족을 느낀다. 이런 해당 스타일에 전문성을 갖춘 디자이너가 원하는 스타일을 꼼꼼하게 상담하고 그들이 가지고 있는 기술을 통해 머리를 해주는 것은 오마카세와 같은 포인트이다.

공간에 대한 니즈 역시 마찬가지다. 예전에는 큰 평수 매장의 대형 프랜차이즈에서 여러 명의 고객들과 어울려 함께 머리를 받고 싶어했지만, 이제는 나만을 위한 집중된 서비스를 원한다. 때문에 대형 숍보다는 프라이빗 공간에서, 고객들에게 집중된 분위기 속에서 머리를 맡기고 싶어 한다. 이 때문에 예약률도 빠르게 증가했다. 온라인 플랫폼의 역량으로 예약률이 올라갔다고 생각하는 오너들이 많지만, 나는 그렇게 생각하지 않는다. 온전히 시간을 들이고 약속을 지켜서 시술을 받고 싶은 고객의 니즈가 예약률에 작용했다고 확신한다.

실제로 카이정헤어도 오마카세 전략을 사용한다. 고객이 셰프를 명확하게 구분해 선택할 수 있도록 잘하는 분야를 확실하게 나누고, 원하는 메뉴를 심플하게 구성했다. 그동안 테크닉으로 펌 메뉴를 구성하던 것을 셰프 추천 메뉴로 바꾸어 잘하는 스타일을 판매할 수 있도록 전략화했다.

　가심비의 기준은 심리적 소비 만족이다. 많은 디자이너들이 아직도 고객은 할인을 많이 해주어야 만족한다고 생각한다. 하지만 그렇지 않다. 이제는 만족의 시대이다. 가성비를 기준으로 완벽한 가심비를 만들어 내기 위해서는 무엇이 고객을 만족시킬 수 있는지를 생각해야 한다. 바뀐 헤어살롱의 판에서 고객은 집중적이며 전략화된 전문가들의 추천 메뉴로 만족도 높은 소비를 기대한다. 그리고 이때의 심리적 만족도를 소비적 효율의 기준으로 삼는다. 이로 인해 과거와는 다르게 3~6개월 이내 예약이 마감된 디자이너들도 생기는 것이다. 만족하고 싶다면 그곳에서밖에 안 되니까. 앞으로 살아남으려면 여기 밖에 안 되는 가심비를 만들어 내야 한다.

02

양극화와 초격차를
이해하는가?

'양극화', '초격차'

헤어 업계에서 일하면서 이 두 단어를 접하는 건 그다지 어렵
지 않다. 과거에는 마케팅이라는 부분이 우리들에게 무지의 영역
이었다. 하지만 이제는 그렇지 않다. 현 시대의 헤어디자이너 중
성공이란 단어의 수식을 받는 모든 사람들은 마케팅이 정말 중요
하다고 이야기하고 있다.

그렇다면 마케팅은 무엇인가? 아직도 이러한 고민을 하거나 물
음표로 마케팅을 정의하고 있다면 초격차와 양극화 시대에서 당
신은 약자의 판에 서 있다고 보면 된다. 마케팅에 대한 이해와 활
용은 단순히 장사가 더 잘되고 안되고의 문제가 아니다. 마케팅으
로 성장한 이들은 이미 '브랜딩'의 영역에 들어가 있다. '브랜딩'으

로 새롭게 정의된 판 안에 있는 살롱들과 헤어디자이너들이 앞으로 만들어 내는 모든 초격차와 양극화의 기준이 된다.

브랜딩을 이해하기 위해서는 마케팅이 중요하다. 마케팅은 소비자를 분석·파악해 정확하게 우리 살롱에 올 수 있는 고객의 층을 구별하고 성향을 분석하는 도구라고 생각하면 된다.

나는 살롱업계에서 일하면서 늘 두 가지 상황에 직면했다. 성장 가능성에 투자하는 상황과 성장 가능성이 없는 곳에 투자하는 상황이다. 이 두 가지 상황을 만드는 건 마케팅 능력의 차이라고 생각하면 된다.

우리가 느끼는 것과 다르게, 장사가 안되는 확률과 장사가 잘되는 확률은 마케팅의 영역에서 차이가 난다. 마케팅을 한다는 건 SNS로 포스팅을 하는 그런 단순한 것들을 의미하지 않는다. 마케팅은 오프라인 영역에서의 기준이 더 중요하고, SNS는 그저 마케팅 도구로 홍보를 하는 수단에 불과하다. 헤어살롱 마케팅은 지역의 상권 분석, 고객층 분석, 그리고 소비패턴 분석 등 다양한 분석적 도구를 반드시 운용하고 관리해야 된다.

예를 들면, 이런 상황을 생각하면 된다. 살롱컨설팅을 통해 상담을 한 A 원장님의 이야기다. A 원장은 신도시에 헤어살롱을 오픈하게 되었다. A 원장은 평소 커트와 기술에 상당한 자신감이 있었고, 인스타그램을 통해 그동안 꾸준히 포트폴리오도 만들어왔기 때문에 창업에 자신이 있었다.

하지만 창업 이후에 상황은 처참했다. 신규 고객은 거의 오지 않았고, 매일 고객이 없는 상황에서 3개월을 보내게 되었다. 마침내 신규 고객을 모집하기 위해 A 원장은 다양한 방법을 쓰게 되었는데, 유튜브, 인스타그램, 블로그, 네이버를 통해 광고를 집행하고 비용을 투자하는 등의 방법이었다. 그런데도 효과가 없자 전단지를 돌리는 방법까지 사용했다. 하지만 손님은 오지 않았다. 결국 A 원장은 자신이 오픈한 곳의 상권을 탓하기 시작했다. 손님이 오지 않는 상권이기 때문에 무엇을 해도 신규를 모을 수 없다고 생각하며 결론을 지어버렸다.

A 원장과 상담하면서 나는 두 가지 질문을 했다.
첫째, 손님이 오지 않는 이유는 무엇이라고 생각하는지?
둘째, 마케팅을 했는지?
A 원장은 대답했다. 안 되는 상권이고, 자신은 엄청난 비용을 투자해 마케팅을 했다는 것이다. 광고만으로 집중된 영업 마케팅을 했다는 대답을 들은 나는 안 되는 게 당연하다고 결론지었다.
장사를 하면서 많은 사람들이 상권의 중요성을 깨닫는다. 아무 노력 없이 손님이 들어오는 상권을 최고의 상권이라고 생각한다. 반면 오픈 뒤에 손님이 오지 않는 상권을 최악의 상권이라고 한다. 좋은 상권에서 일하는 건 당연히 중요하지 않은가? 그럼 좋은 상권의 정의는 무엇인지, 기준은 무엇인지 공부하고 정했는지에 따라 당연히 결과는 너무나도 많이 차이가 날 수밖에 없다.

상권에 대한 나의 기준은 이렇다. 과거의 판에서 미용업계 최고의 상권은 '유동성이 좋은 곳'이었다. 당시에는 온라인 플랫폼이 없었기 때문에 고객이 살롱을 찾는 시스템이 없었다. 그렇기 때문에 유동성 좋은 곳의 1층 미용실처럼 강력한 상권은 없었다. 문을 열어만 놓아도 손님은 넘쳤고, 장사는 너무나도 잘됐다.

하지만 지금은 어떨까? 유동성이 좋은 상권이 과연 장사가 잘될까? 그렇지 않다. 지금은 찾아갈 이유가 있는 곳들이 잘 된다. 플랫폼 시스템에 의해 우리는 좋은 상권의 살롱을 너무나도 쉽게 찾을 수 있고, 기능적 요소를 충족하는 살롱을 스마트폰 하나로 예약하고 간다. 변화하는 판에서는 상권의 중요성이란 지역적 접근성이나 유동 인구로 판가름되지 않는다. 평가의 요소와 기준이 바뀌었다. '올 이유'가 있는 살롱이 좋은 상권을 가지고 있는 살롱이다. 대한민국에 못 찾아갈 미용실은 없다. 불과 몇 미터 단위의 오차까지 GPS가 제공되는 세상이다. 그럼 당연히 좋은 상권이라고 생각했던 지역도, 나쁜 상권이라고 생각했던 지역도 이제는 그렇게 중요하지 않다는 거다. 아무리 좋은 상권이라도 나를 찾아올 이유를 명확하게 만들어주지 않는다면 고객은 오지 않는다. 상권 탓을 하며 지금 매장의 위치나 고객의 층을 문제 삼는다면 해결할 수 있는 요소가 없다.

모든 문제는 상권이 아니라 나로부터 시작된다. 이 차이는 양극화의 차이에서 기인한다. 위치에 의해서 미용을 하는 게 아니라 어떤 고객이 나에게 올 수 있는지 명확하게 파악하고, 상권분석을 통해 방문 확률을 높여야 한다. 메뉴, 시스템, 서비스 등을 업그레이드하면 나의 살롱에 내방할 가능성이 올라가고, 그러다 보면 더 빠르게 성장할 수밖에 없다. 그래서 성장하는 살롱은 끊임없이 성장하는 것이고, 성장하지 못하는 살롱은 절대 성장할 수 없는 양극화가 생긴다. '열심히 하면 되겠지'라는 생각만으로 절대 안 되는 게 비즈니스다. 바뀐 판 안에서 잘되는 편에 서고 싶다면 마케팅을 해야 된다. 마케팅이란 디자이너가 가지고 있는 상품성을 체계화해서 나에게 올 수 있는 고객을 철저하게 타깃팅 해 정확하게 손님을 유입시키는 것을 의미한다.

따라서 SNS에 예쁜 사진 하나 찍어서 올리는 것보다 더 중요하게 생각해야 하는 건 오프라인에 실존하는 매장의 요소이다. 우리는 양극화라는 새로운 판 안에서 잘되는 쪽에 마케팅을 해야 된다.

이렇게 마케팅을 통해 하나하나 시스템을 구축하다 보면 브랜딩이 된다. 브랜딩은 팬덤을 만드는 것과 같다. '좋은 브랜드'라는 건 얼마만큼 고객의 소비를 결정하게 만드느냐 하는 요소가 아니라, 얼마만큼 고객이 충성하게 만드느냐의 요소에 달려 있다. '이 매장은 참 좋은 매장이야'라고 생각하는 순간 소비자는 가격으로부터 자유로워진다. 사람은 내가 좋다고 느끼는 것에 돈, 시간, 그리고 애정을 사용하기 때문이다.

그럼 이렇게 강력한 브랜딩은 어떻게 해야 만들어질 수 있을까? 바로 마케팅에 대한 기본기를 잡으면서 가장 잘하고 있는 것에 '초집중'하다 보면 된다. 사람들은 격차를 만들어 내는 것들에 대해 새로운 무언가를 해야 된다고 말하지만, 나는 그렇게 생각하지 않는다. 격차는 다르다고 만들어지는 것이 아니라 얼마만큼 집중하느냐의 차이로 만들어진다고 생각한다. 초격차는 집중력의 차이이며, 살롱 비즈니스에서 우리가 얼마나 다른 부분을 할수 있는지에 따라 결정되지 않는다. 마케팅의 시대를 지나, 더 성숙하고 변화된 살롱 문화에서는 브랜딩이 초격차의 승패를 만든다. 고객은 믿고 소비할 수 있는 것을 뛰어넘어, 좋아해서 소비할수 있는 것에 대한 가치에 더 집중하기 시작했다. 그렇기 때문에

'어떻게 하면 우리 살롱을 좋아할 수 있게 하지?'라는 고민을 해야 한다.

마케팅을 하다 보면 몇 가지 좋은 데이터를 볼 수 있는데, 그중 하나가 고객의 리뷰이다. 우리가 흔하게 접하는 고객의 리뷰는 정말 좋은 브랜딩 도구가 된다. 매장을 오픈하고 나오는 고객의 경험을 수치화해서 우리가 잘하는 것을 찾아내면 브랜딩은 시작된다. 꼼꼼하게 리뷰를 보면서 우리 살롱과 나의 강점을 파악했다면, 그걸 구체화해서 집중할 수 있는 포인트로 만들어 낼 때 브랜딩이 된다.

구체적인 방법은 이렇다. 예컨대, 고객이 리뷰를 통해 '샴푸'가 좋다는 피드백을 지속적으로 한다면, 우리가 샴푸를 잘하는 이유에 대해 파악해 보는 것이다. 이유는 정말 다양할 수 있다. 제품이 마음에 들었을 수도 있고, 샴푸하는 사람의 마인드와 테크닉이 좋았을 수도 있다. 이런 부분들을 파악하고, 장점은 부각하는 동시에 단점을 보완하면 평균치가 올라간다.

평균에는 기준이 필요하다. 나의 경우 '기준'이란 늘 가장 잘하는 사람의 수준을 의미한다. 기준은 곧 최선이어야 한다. 따라서 내게 '미용의 기준'은 곧 절대 평균치가 아니라 절대적으로 가장 잘하는 최고를 의미한다. 그리고 이 기준은 초격차의 기준이 된다.

이제는 '새로움'이 아니라 가장 '기본적'인 것을 잘 해냄으로써 초격차를 만들어 내는 것이 중요하다. 집중하라! 그리고 성과를 볼 수 있도록 마케팅을 하라! 그 마케팅으로 초격차를 만들고 변화를 이뤄내면 살롱 양극화의 시대를 리드하는 강자가 될 수 있다.

03

성장의 핵심은
미용의 본질이다

"고객을 받는다", "장사를 한다", "미용을 한다"

이 세 가지가 같은 의미로 이해되던 과거와는 다르게, 이제는 장사와 미용, 그리고 고객은 같은 선상에서 존재하지 않는다. 세대의 변화는 우리의 삶에 많은 변화를 가져오고, 가치관을 성장시켰다. 이에 따라 더 이상 디자이너들은 돈을 벌기 위해서만 일하지 않고, 리더들 또한 매출만을 위해 장사를 하지 않는다. 그리고 고객도 더 이상 '머리'만을 하려고 살롱을 찾지는 않는다. 이러한 것들을 트렌드나 패션 등의 영역으로 생각하는 미용인들이 많은데, 그렇지 않다. 이것은 인간의 본질과 연결이 되어 있는 핵심 가치이다.

미용의 본질을 이해하기 위해서는 본질성을 어떻게 하면 찾을 수 있는지를 알아야 한다. 본질은 보다 더 근본적으로 묻고 설명하지 않으면 알 수 없는 것이다. 수많은 질문들 속에 답을 찾아가는 과정을 총해 얻어진 결론이 본질이다.

그럼 미용에 대한 인간의 본질은 무엇일까? 질문해 보면 된다. 세상에 존재하는 모든 사람들의 미의 기준은 제각각이지만, 본질적으로는 아름다운 것을 원한다. 인간을 아름답게 만들어주기 위한 일이 미용이다. 그럼 미용은 사람에게 얼마나 중요한 역할을 할까? 인간의 욕구에 그 답이 있다. 흔히 우리는 사람의 욕구를 중요하게 이야기한다. 그 이유는 매슬로우가 이야기하는 인간의 욕구를 보면 알 수 있는데, 그에 따르면 인간의 욕구는 총 5단계로 발현된다. 그중 가장 최상위에 있는 욕구가 바로 '자아실현의 욕구'이다.

매슬로우에 따르면 '생존에 대한 본능'은 아주 기본적인 인간의 본질이다. 그렇기 때문에 먹고 자고 배설하는 것이 만족되지 않으면 인간은 살아갈 수 없다. 생존에 대한 본능이 충족되면 사람은 안전을 원한다. 외부 요소나 신체적, 정신적 위협에서 보호받고 싶어 한다. 이것을 '안전의 욕구'라고 한다. 이 욕구가 충족되면 다음은 '집단의 욕구'가 발현된다. 더 풍요롭고 안전한 삶을 이루기 위해서 인간은 집단을 형성하고, 그룹을 만들어 만족을 추구한다. 이것은 '집단의 형성의 욕구'이다. 매슬로우는 여기까지가 아주 기본적인 욕구라고 이야기한다.

이 욕구들이 다 충족되면 그다음에는 인간의 가치를 성장시키는 욕구로 승화된다. 바로 집단의 리더가 되고 싶어하는 욕구이다. 이것을 우리는 '인정의 욕구'라고 말한다. 그리고 최종에는 위에서 설명한 자아실현의 욕구에까지 도달하게 된다.

자아실현의 욕구는 어떤 상태에 처하든 내가 원하는 삶의 방식대로 살아가는 것을 의미하는데, 가장 만족하고 충만한 상태를 유지할 수 있음을 뜻하기도 한다. 결국 인간의 최대 욕구는 스스로 만족할 수 있는 삶을 살 수 있는 상태이다. 나는 이 상태를 인간이 가장 아름답고 행복한 단계라고 생각한다. 스스로 원하는 미의 기준을 충족시키는 것은 당연히 자아를 실현하는 가장 중요한 단계 중 하나이다. 그렇기 때문에 단순히 전 인류가 아름다움을 삶의 우선순위로 생각하고 살아간다. 모든 인간은 아름다워지고 싶어한다. 인간에게 아름다움은 그 무엇보다 중요한 가치이다. 따라서 이 질문과 답은 미용인들에게 아주 중요한 본질이라고 생각한다.

그렇다면 과거와 다른 점은 어떤 것일까? 자아실현의 본질적 가치가 더 크고 중요하게 자리 잡았다는 점이다.

과거에 우리는 생존하기 위한 노력에 집중했다. 위에서 이야기하는 기본적인 생존의 욕구를 충족하기 위해서는 돈을 벌어야 했다. 그리고 안전의 욕구를 실현하기 위해서는 부자가 되어야 했다. 그렇기 때문에 미용의 본질은 돈을 버는 것, 장사를 하는 것, 고객들에게는 직업이라는 것을 구해 생존하기 위해 갖추어야 하는 아주 기본적인 용모 관리였다.

하지만 지금은 다르다. 더 이상 사람들은 생존하기 위해 직업을 구하지 않고, 안전하기 위해 부자가 되려 하지 않는다. 모든 삶의 질은 올라갔고 더는 배고픔이나 가난에 대해 고민하지 않기 때문이다. 그렇기 때문에 이제 미용은 단순히 생존하기 위해 관리하는 아주 기본적인 치장이 아니라, 자아를 실현하기 위해 나를 가꾸는 본질적인 수단이 되어 버린 것이다. 이 때문에 고객의 기준도, 미용인들의 기준도, 더 이상 '고객을 받는다, 장사를 한다, 미용을 한다'가 아니라 자아실현을 하기 위해 가장 중요한 '본질적 만족을 미용에서 충족시켜줘야 한다'로 바뀌어야 한다. 고객은 미용에 대한 본질을 더 깊고 중요하게 인식하는 것이고, 이 만족을 얻는다면 비용과 시간, 노력 등을 투입하는 것에 의구심을 느끼지 않게 되어버렸다.

문제는 바뀐 건 고객뿐만이 아니라는 점이다. 미용인들조차도 이러한 본질의 변화로 인해 다른 가치를 추구하며 미용을 하고 있다. 현 시대의 성공한 모든 사업가 이야기에서 빼놓을 수 없을 만큼 많이 나오는 화두는 바로 '가난 극복', 그리고 '경제적 자유'이다. 현 시대 살롱 오너와 성공한 미용인의 스토리도 마찬가지이다. "내가 얼마나 어려운 상황에서 이 일을 시작했고, 그렇기 때문에 절실하게 성공했다"라고 이야기한다. 이런 스토리의 바탕에는 생존과 안전의 본질에 대한 극복이 곧 성공이라는 인식이 깔려 있다.

하지만 이제 이런 스토리는 공감대를 얻기 어렵다. 지금 시대, 새로운 판에서 성장하는 미용인에게는 '생존, 안전 욕구의 실현'은 미용을 선택한 절대적 동기가 아니기 때문이다. 새로운 판에서 성장하는 미용인들은 바로 자아실현을 꿈꾼다. 내가 얼마나 행복하게 일할 수 있는지, 만족하게 일할 수 있는지, 그리고 직업에 대한 자부심과 미용이라는 굉장히 멋지고 인간의 본질에 관련된 일을 하는 것에 큰 만족을 느낀다. 또한 생존에 대한 두려움이나 안전에 대한 불안감보다 삶에 대한 만족이 가장 중요하기 때문에 사랑받고 행복한 사람이 되고 싶다는 욕구가 가장 강한 것이 새로운 미용인들이다.

인간의 역사는 늘 우리에게 좋은 교훈을 준다. 바로 새로운 시대는 반드시 오고, 낡은 것들은 사라지며, 새로운 것들이 기준이 된다는 것이다. 그렇기 때문에 더 이상 돈을 벌기 위한 미용을 하는 미용인은 새로운 시대에서 살아남을 수 없다. 아름답고 행복하고 싶다는 고객의 욕구를 해소해 줄 수 있는 신 미용인이 성장하는 시대이다. 단순히 미용 기술이나 세일즈 마케팅뿐만 아니라 인간 본질의 욕구와 나의 고객은 어떤 만족을 원하는가에 대한 질문을 통해 본질적 만족이 가능한 디자이너가 되어야 성장이 가능하다.

나란 존재에 대한 해답, 이것이 본질에 가장 중요한 답이다. 진정한 의미에서 미용인은 행복을 나누는 사람, 영의 존재를 아름답게 해주는 사람이다.

04

우리에게 고객이란
어떤 존재인가?

우리는 미용을 하는 일생 동안 수많은 고객을 만나게 된다. 적게는 몇천 명에서, 많게는 몇만 명까지의 고객을 만나며 인과 연 속에서 미용이라는 업을 이어간다. 변화되는 시간 속에서 우리는 더이상 고객을 매출이라고 이야기하지 않는다. 중요한 사람이라고 이야기한다. 그럼 '우리에게 고객은 어떤 존재일까? 우리는 고객을 어떤 태도와 가치로 생각해야 될까?'라는 부분은 모든 미용인의 고민이자 질문이 될 것이다.

사회의 변화는 인간관계의 많은 부분에 영향력을 행사했다. 과거 30~40년 전만 하더라도 우리는 핵가족이라는 개념의 보편화를 생각하지 못했다. 한 식구들은 당연히 옹기종기 모여 같이 삶을 꾸려 나간다고 생각했다. 위로는 부모님과 조부님이 계시고 아래로는 동생들과 사촌들이 있었다. 학교에 가서 지식과 사회, 그리고 인간관계에 대한 지혜를 배우는 것과 마찬가지로 가족들에게 가족 구성원들의 역할을 배우고 지혜를 익혀 살아가는 법을 터득했다. 사람은 사회적인 동물이다. 그렇기 때문에 사회 속에 존재하는 나라는 사람의 역할과 지혜를 학습하는 일이 당연히 중요했고, 모든 사람들과의 관계를 현명하고 슬기롭게 풀어나가는 것이 중요한 과제이자 숙제였다. 왜냐면 사람은 혼자서 살아갈 수 없는 동물이고, 때문에 인간관계가 그 무엇보다 중요했기 때문이다.

하지만 현재는 어떨까? 과연 사람들은 인간관계에 대해 중요하다고 생각하고, 그 관계를 슬기롭게 풀어나가고 있을까? 디지털의 발달과 커뮤니케이션의 체계 변화는 우리 삶의 많은 부분에 이로움을 주었지만, 그에 따른 부작용도 만들어 냈다. 바로 감정 소통이라는 인간의 가장 큰 장점을 활용하지 못하게 만들어 버린 것이다. 과거에 우리는 어른들에게 인간관계에서 생겨나는 문제가 있다면 두 가지 행동을 하라고 배웠다. 바로 '상대방을 만나라', '진심 어린 대화를 해라'라고 말이다. 하지만 지금은 모두 손 안에 쥐고 있는 스마트폰으로 온라인으로 소통하는 것이 익숙해져 버린 탓에 이 진심 어린 대화라는 것에 익숙지 않다. 그렇기 때문에 사람에 대한 존재가 우리에게 어떤 영향을 주는지 우리는 너무 무지하게 되었다. 오직 보여주기 위한 삶에 집중되어 버렸다. 소통은 너무 가벼워졌고, 진심 어린 소통이 무엇인가에 대한 부분을 깊게 고민하거나 경험해 볼 수 없는 세대가 되었다.

SNS로 소통하는 건 현 시대에 너무 당연한 일이다. 이런 흐름은 바뀔 수도, 그렇다고 해서 다시 오프라인으로 돌아갈 거라고 생각하지도 않는다. 단, 이런 현상에 따라 대두된 인간성의 결핍과 인정의 메마름이라는 문제는 우리가 사람이기 때문에 반드시 애정 욕구의 갈망으로 발현될 수밖에 없다고 생각한다. 실제로 코로나19 이후에 우울증이나 사회적 고립에 따른 문제가 심각해졌고, 이에 따라 젊은 세대의 자살이나 인간관계에 대한 어려움을 호소하는 게 우리의 가장 큰 문제가 되었다.

모든 사람들은 사랑받고 행복하고 싶다. 이것은 인간의 본질이다. 20년이 넘는 시간 동안 미용업계에서 일한 나는 다양한 세대의 변화를 경험했다. 내가 처음 미용실에서 일하던 2000년만 하더라도 퍼머를 하던 고객님과 직원실에서 밥 먹으면서 수다를 하던 따뜻한 관계의 시대였다. 하지만 지금은 건조한 친절이 오가며, 기능적인 역할에 충실한 시대가 되어버렸다. 그렇기 때문에 결국 소통과 관계에 목마른 고객과 미용인이 이제 다시 따뜻한 정서적 관계를 원하는 시대가 올 것이라고 생각했다.

이 생각과 흐름으로 카이정헤어는 고객을 상대했고, 코로나19 시대에 우리는 100배 성장했다. 미용의 판이 바뀐 것이다. 우리가 생각하고 실행한 것은 단순했다. '누구보다 확실한 동행자가 되어 주자.' 그것이 우리의 생각이다. 동행이란 같은 곳을 바라보며 걸어감이다. 그렇기 때문에 뜻이 맞는 사람들을 표현할 때 이 단어를 사용하기도 한다. 우리는 세상을 살아가는 동행자로 고객을 생각하고 그들과의 '관계'에 집중했다. 단순히 헤어스타일이라는 기능적 요소를 충족하기 위해 온 것이 아닌, 행복하기 위해 나를 찾아오는 것에 집중해 헤어스타일보다 고객이 만족하고 행복할 수 있는 요소에 더 많이 치중했다. 동행에 있어서 가장 중요한 건 소통과 관계십, 그리고 상대방에 좋은 사람이 되고 싶다는 마음이다. 그것이 고객이 가장 갈증을 느끼는 부분이고, 우리가 가장 원하는 같은 뜻이라고 생각했기 때문이다.

카이정헤어는 이러한 부분에 정성을 들였고, 소통과 관계를 통해 우리가 그들에게 좋은 사람이 되어줄 것이라고 약속했다. 우리에게 고객은 '중요한 존재' 그 이상이다. 반드시 '필요한 존재'이다. 헤어디자이너는 미용이라는 기술로 일하는 사람이다. 그렇기 때문에 어디서든 공간과 시간에 제약이 없이 일할 수 있다고 생각한다. 맞는 말이다. 단, 고객이 있다면 말이다. 어디서든 공간과 시간에 제약없이 일할 수 있지만, 고객이 없다면 아무 의미가 없다.

이 의미는 아무리 뛰어나고 능력 있는 디자이너라도 고객이 없다면 아무것도 할 수 없다는 것이다. 이는 인간의 본질과 가까운데, 비유하자면 생명을 만드는 일과 같다. 어머니와 아버지, 이 두 사람이 없으면 절대로 생명을 탄생시키지 못하는 것처럼, 미용인도 고객이 없다면 그 어떤 헤어스타일도 창출할 수 없는 것이다. 이게 본질이다.

그렇다면 우리에게 고객은 어떤 사람이어야 할까? 단순히 나를 찾아오는 고마운 손님의 존재가 아니라 그 이상의 가치로 인식해야 된다. 디자이너라는 생존의 동행자로 봐야 한다. 아름다움이라는 목표로 나와 같이 동행해 주는 고객은 우리에게 필요한 존재 이상의 가치가 있다. "범사에 감사하라"라는 말이 있다. 모든 것에 감사하라는 이 말의 뜻처럼, 고객 자체는 우리가 범사에 항상 감사해야 할 소중한 동행자이다. 또한 고객은 단순히 나를 소비하기 위해 찾아오는 손님만을 의미하지는 않는다. 우리와 관계를 맺고 있는 모든 사람이 우리의 고객이다. 그렇다면 나의 고객은 오너, 리더, 선배, 후배, 함께 일하는 동료, 그리고 가족까지, 나와 관계를 맺고 있는 모든 사람들이 된다. 앞으로의 미용은 이들과의 관계십이 가장 중요하다. 우리가 어른들로부터 삶의 지혜를 배웠던 것처럼, 미용의 판에서 누군가를 통해 지혜를 배워야 하며, 이런 지혜는 글과 콘텐츠만으로는 온전히 전달되지 않는다. 관계십을 통해서만 총체적인 가르침이 완성되기 때문이다.

또한 우리는 이렇게 배운 지혜를 누군가에게 나누면서 또 한 번의 성장을 이룬다. 배우고 가르친다는 건 인간의 삶에서 가장 기본적인 역할이다. 그렇기 때문에 잘 배우고 잘 가르치는 디자이너가 좋은 고객과 함께 동행하는 것 또한 당연한 일이다.

바뀐 미용의 판에서 고객의 가치는 단순히 업의 성장 기준에 머물지 않는다. 내 삶에 있어서 소통하고, 관계를 맺고, 함께 같은 뜻을 공유하는 동행자가 되어야 진정한 의미의 고객을 만들 수 있다.

05

가치 있는 것들을
생산하고 있는가?

사람은 살아가면서 일생 동안 엄청나게 많은 소비를 한다. 기본적인 생존을 위한 먹는 것, 입는 것, 사는 것, 나아가 인간의 성장을 위한 소비인 배우는 것을 포함해 즐기기 위한 콘텐츠 소비까지….
현재 우리의 삶은 소비자 없이는 살아갈 수 없을 정도로 소비는 이미 필수 문화이자 삶의 질을 결정하는 중요한 요소이다. 그렇기 때문에 생산자들은 질 좋은 상품을 내놓기 위해 최선을 다하고, 소비자들이 선호하는 소비 트렌드를 찾아 그들이 좋아할 콘텐츠를 만들어 내는 것을 업의 과제로 삼고 있다.

현대 사회는 생산자와 소비자가 생산과 소비를 반복하며 엄청나게 많은 콘텐츠를 만들고, 그것을 다시 소비하며, 그로 인해 다양한 방면으로 성장하는 문화를 가진 사회이다.

생산자들은 더 좋은 콘텐츠를 만들어 내고, 어떻게 하면 쉽게 소비할 수 있는지를 고민하며, 생산뿐만 아니라 판매에도 집중하여 생산자로의 역할을 새롭게 만드는 영업전략을 도모하고 있다.

이 흐름의 대표적인 예를 두 가지 들자면, 애플스토어와 넷플릭스를 꼽을 수 있다.

첫 번째 사례로 애플을 들어보겠다.

전자제품은 신제품 주기가 굉장히 빠르고 소비기한도 짧다. 전자제품은 이제 사치품이 아니라 생활필수품이 되어버렸는데, 그렇기 때문에 성능도 성능이지만 새로운 제품으로 생활에 얼마나 편하게, 어떤 일을 할 수 있는지가 구매 시 중요한 고려사항이 되었다. 따라서 이런 부분을 잘 홍보하고, 소비자들에게 친밀하고 편안하게 접근하기 위해 애플은 애플스토어라는 오프라인 매장에 전문성을 갖춘 어드바이저를 고용해 소비자의 니즈를 충족하고 있다.

매장에 방문하게 되면 이 어드바이저들은 소비자의 소비패턴이나 필요성을 반영해 적합한 제품들을 추천하고, 그로 인해 어떤 창의적인 일을 할 수 있는지를 소통한다. 그리고 소비자들은 이들 전문가에 의한 제안으로 나에게 맞는 제품을 구매하고 소비하게 된다. 이는 단순히 생산의 역할만 진행하고 있던 생산자가 소비자들의 소비에 강력한 영향력을 행사하게 되는 변화를 불러왔으며, 이에 따라 애플은 연간 한국에서 7조 원의 매출을 올리는 기업으로 성장하게 되었다.

두 번째 사례인 넷플릭스는 한국의 사람들에게 가장 사랑받는 미디어 플랫폼이다. 미디어 강국인 한국의 강점을 활용해 한국 시장뿐만 아니라 세계로 콘텐츠를 진출시켰고, 실제로 넷플릭스에 있는 한국 드라마들은 기존 성과와는 비교할 수 없을 정도의 초대박 성과를 넷플릭스와 함께 이루어내고 있다.

나는 이러한 넷플릭스의 성공을 두 가지 때문이라고 생각한다.

첫째, 한국은 IT 강국이다. 전국에 꼼꼼하게 퍼져있는 무선 네트워크 덕분에 어디서나 초고속으로 지연됨 없이 인터넷 사용이 가능하고, 소비자들은 이에 최적화된 미디어 디바이스(휴대폰, 태블릿PC, 스마트TV)를 보유하고 있다. 그렇기 때문에 플랫폼 소비를 하기 위한 기본적인 기반을 이미 확보하고 있는 셈이다. 예컨대, 전기차의 보급에는 전기차 충전소의 보급이 어느 정도 이루어졌는가가 중요한 것처럼, 넷플릭스는 이미 한국 시장이 오프라인 투자를 하지 않아도 될 정도로 기반을 갖추고 있기 때문에 콘텐츠의 경쟁에만 집중할 수 있었다.

둘째, 한국은 콘텐츠 집중에 가장 필요한 요소인 좋은 콘텐츠 생산 능력이 탁월했다. 한국은 드라마 강국이라고 불릴 정도로 과거 수많은 시간 동안 엄청나게 많은 드라마와 히트작을 만들어 냈다. 특히 작가들의 능력과 배우들의 연기, 그리고 제작 능력은 미국과 견주어도 모자람이 없을 정도로 크고 높은 수준을 갖추고 있었다. 그렇기 때문에 넷플릭스는 한국의 수많은 제작자들에게 확신을 얻고 투자를 했고, 이는 어마어마한 히트로 이어지게 되었다.

이런 일련의 배경 스토리를 모르는 많은 사람들이 넷플릭스를 콘텐츠 중계인 정도로 생각하는데, 그렇지 않다. 넷플릭스는 생산자이고 생산한 콘텐츠를 경쟁자들과 적절히 배치해 효율적으로 판매하고 있는 것이다. 이러한 세계적인 트렌드를 보았을 때, 가장 중요한 건 소비자들은 언제라도 소비할 만한 가치가 있다면 해당 제품 및 서비스를 소비한다는 것이다. 그럼 앞으로의 관건은 소비자가 아니라 생산자의 능력이 될 수밖에 없다.

이제 미용으로 다시 돌아와 생각해 보자. 헤어디자이너는 생산자이며, 고객은 소비자이다. 위에 설명한 생산자와 소비자의 역할로 둘을 환치해 볼 때, 헤어디자이너는 고객에게 좋은 디자인을 생산하고, 고객은 이 디자인을 소비하는 관계가 된다. 미용 시장에서 생산자와 소비자, 이 둘의 본질적 관계는 변화하지 않았다.

그렇다면 바뀐 판의 미용에서는 어떤 것들이 변한 걸까? 애플 스토어나 넷플릭스와 마찬가지로 생산자의 역할이 다각화되며 성장한 것처럼 생산자로서 미용인의 역할이 변화되었다. 이제는 나의 디자인부터 헤어디자이너의 상품성에 이르기까지의 모든 서비스 콘텐츠를 어떤 루트로 소비자들에게 공급해야 할지 고민하고 판매해야 한다. 그리고 이런 고민의 바탕에는 고품질의 제품 생산이라는 기본 전제가 당연히 요구된다. 따라서 퀄리티 떨어지는 저품질의 제품은 소비자의 소비 기준에 부합지도, 니즈에 충족되지도 않는다. '최선의 기본'은 트렌드에 부합하며 고객이 소비하고 싶은 헤어스타일을 판매하는 것이다. 변화된 헤어 비즈니스의 판에서 생산자는 소비자를 이해하며, 고도의 전략과 명확한 방향성을 근거로 정확하게 생산하고 판매해야 한다. 이를 실현하는 방법은 생산자에게 있어서 가장 중요한 핵심가치가 된다. 그 구체적 방안을 3단계로 제시해 보겠다.

첫째, 당연히 무엇을 생산해 낼 것인지를 명확하게 해야 한다.

애플스토어를 방문하게 되면 각 파트별 전문가를 두고 있는데, 제품에 대한 정확한 지식과 상식으로 소비자들의 니즈를 충족시키기 위함이다. 마찬가지로 넷플릭스도 소비자들에게 정확히 무엇을 소비할 수 있는지를 카테고리화해서 명확하게 보여준다.

같은 맥락으로 볼 때, 미용 생산자들은 '나'라는 디자이너가 생산할 수 있는 서비스 콘텐츠가 무엇인지를 보여주는 것이 가장 핵심 포인트이다. 이때는 당연히 트렌드나 유행, 현재 고객의 니즈를 정확히 파악해 스타일을 만들어 내야 한다.

현재의 고객들은 올드하고 유행이 지난 것들에 대해 어떠한 소비 욕구도 느끼지 못한다. 해마다 애플이 엄청난 신제품을 생산해 내는 것도 이 때문이다. 고여있으면 트렌드가 되지 못한다.

둘째, 플랫폼을 선택해야 한다.

과거의 헤어살롱업계는 오프라인에 의한 홍보가 주를 이루었지만, 이제 온라인의 영역의 중요성은 굳이 내가 설명해 주지 않아도 될 정도로 많은 디자이너들이 공감하고 있다. 하지만 아직도 플랫폼에 대한 고민을 하는 디자이너들이 많다. 왜냐면 헤어 업계는 생각보다 많은 판매 플랫폼이 있고, 이러한 부분에 있어서 선택과 집중은 성장에 영향을 미치는 중요한 요소가 된다. 그리고 플랫폼을 선택할 때도 다시 세부적으로 몇 가지 요소에 따라 기준을 세우게 된다.

| 플랫폼 선택 시 고려할 사항

● "얼마나 실소비자들이 소비할 수 있는가?"
콘텐츠를 생산하고 공유했다고 하더라도 소비자의 실제 소비로 연결되지 않으면 생산자에게는 큰 도움이 되지 않는다. 따라서 내가 생

산해 내는 콘텐츠가 소비자들에게 소비될 수 있도록 콘텐츠 플랫폼을 정하는 것이 중요하다. 이러한 부분에서 인스타그램이나 유튜브는 1순위가 될 수 없다고 생각한다. 실제 콘텐츠를 보는 사람의 목적성 때문인데, 유튜브나 인스타그램은 지식과 정보를 얻기 위해 최적화된 플랫폼이지 소비를 위한 플랫폼이 아니다. 콘텐츠를 소비하면 바로 결제나 소비 행위로 이어질 수 있는 기반이 마련되어 있지 않기 때문이다. 고객이 콘텐츠를 보는 행위가 소비로 이어지기 위해서는 다른 플랫폼으로의 이동이 필수이다. 그렇다면 생산자 입장에서 헤어디자이너는 콘텐츠로 소비할 수 있고 실소비로 이어지는 데에도 가장 최적화된 플랫폼에 집중하는 것이 1순위라고 생각한다.

셋째, 콘텐츠를 소비하는 사람들에게 생산자의 경쟁력을 어떻게 만들어 내야 하는지 생각해야 한다.

위에서 언급한 넷플릭스는 콘텐츠 생산도 해내지만, 타인이 생산한 콘텐츠도 판매한다. 그렇기 때문에 같은 카테고리 안에서 나의 상품과 타인의 상품도 같이 판매하고 있는 셈이다. 마찬가지로 헤어살롱에는 한 명의 디자이너만 존재하지 않는다. 적게는 2명의 디자이너부터 많게는 수십 명의 생산자들과 한 플랫폼에서 경쟁해야 된다. 그렇다면 소비자의 입장에서 어떤 차이를 정확하게 인식시켜주느냐에 따라 소비자의 실구매로 이어지느냐 마느냐가 판가름난다. 따라서 이러한 부분에 있어서 단순히 플랫폼만 결정하는 것이 아니라 경쟁자들에 대비한 비교우위를 분석·파악하면서 전략화해야 한다.

바뀐 헤어살롱의 비즈니스 판은 고도화·전문화가 핵심가치이다. 생산자의 능력은 소비자의 소비를 결정한다. 단순히 헤어스타일만 판매하는 디자이너는 더 이상 생존할 수 없다. 생산자가 판매하는 시장 트렌드의 변화를 이용해 성장해야 된다. 동행자의 삶을 만족시키는 생산, 이것이 새로운 판에서 미용인이 갖추어야 할 가장 기본적인 본질이다.

06

신선함을 만들어 내는
차이에 집중해라

미용인들은 늘 새로운 변화와 유행을 따라 성장해 가고 있다. 미용업의 특성상 트렌드의 변화는 너무 빠르다. 변화하는 트렌드 속에서 흐름을 읽어 새로운 스타일이나 서비스에 적응하거나 변화를 주어 고객들에게 만족을 제공하는 것이 미용인의 숙명이다.

미용인들에게 교육과 배움은 시대가 아무리 변해도 바뀌지 않은 핵심가치 중에 하나이다. 변화되는 스타일과 시대적 트렌드, 소비자 만족에 적응하는 것도 중요하지만, 때로는 더 나아가 고객들에게 먼저 제안할 줄 아는 역량 또한 성장하는 미용인의 필수덕목이다. 우리는 늘 생산자의 가치로 어떤 서비스 콘텐츠를 창출할 것인가에 대해 많은 고민을 한다. 그 속에서 고객들은 늘 새롭고 차이가 있는 것들을 원하며, 이러한 이해가 없이 고객에게 만족을 주기란 어려운 일이다.

그러면 새롭다는 건 어떤 의미이고, 차이가 있다는 것은 무슨 뜻일까? 새롭게 변화한 미용의 판에서는 이러한 본질을 명확히 알고 있어야 된다. 먼저 '새롭다'라는 단어를 들었을 때, 우리가 일반적으로 떠올리는 건 기존에 보지 못한 신선함이다. 결국 차이의 본질은 이 신선함이다. 구체적으로는 미용의 기준 안에서 차이를 만들어 내는 신선함이다.

흔히 우리는 아주 다른 개념의 새로운 것을 '새롭다'라고 이야기하며, 이는 엄밀히 말해 '신선함'과는 미묘하나마 분명한 차이가 있다. 나는 얼마나 '효과적'으로 전달할 수 있는지에 따라 '신선함'의 정도가 다르게 느껴진다고 생각한다. 하지만 신선함이 어느 정도 미적 임계치를 넘어서서 완전히 새로운 것으로 고객들에게 인식되면 되면, 이때는 신선함보다는 '새로움'의 범주에 들어가게 된다. 신선한 것은 '비슷하면서도 다른 면을 지닌' 미감에 속한다. 그런 점에서 신선함은 일종의 '낯익은 것을 낯설게 하기'이다.

그런데 간혹 신선함의 정도가 지나치면 고객들은 이 새로움을 기존의 무엇과 비교해야 되는지, 즉 미적 분석의 기준점을 찾아내는 데에 어려움을 겪게 된다. 그리고 지나간 트렌드의 미감과 새로운 트렌드의 미감 사이에서 차이점보다는 기준이 없는 모호함을 느끼기 쉽다. 따라서 '낯설다'는 것에서 생겨나는 신선함이 '낯

익음'을 기반으로 하듯, 신선함을 제시하는 속에서도 기존에 있던 것들과 차이점을 명확하게 만들어 낼 수 있어야 한다. 그래야 고객이 기존의 서비스와 차별점을 인지할 수 있고, 이런 것들이 신선한 감정과 확실하게 연결되는 것이다.

따라서 이 신선함의 범위와 임계치를 잘 인식해야 하는데, 바로 고객의 니즈에 부합하는 선에서의 신선함이 중요하기 때문이다.

사실 미용 소비의 프로세스는 생각보다 단순하다.

'고객이 찾아온다 → 니즈를 충족시켜준다'

이 단순한 'A → B' 구조가 미용 소비의 핵심이다. 이 안에서 새로움을 만드는 것은 어찌 보면 어려운 일이라 생각할 수도 있다. 하지만 그럴수록 더욱 정확한 기준이 있어야 하고, 무엇을 새롭게 할 것인지를 정해야 한다. 이 구조와 소비 패턴 속에서 변화되는 소비자의 트렌드를 읽고, 앞서 나가며, 고객에게 신선함을 제공해야 된다.

그러면, 이를 위한 구체적인 방법론을 제시해 보겠다.

먼저 응대는 고객을 케어하는 아주 기본적인 방법이다. 때문에 굉장히 중요하며, 첫 이미지를 얼마나 잘 세팅하느냐에 따라 고객이 미용인에게 느끼는 신뢰도를 결정할 수 있다. 나는 이 응대에서 신선함을 주기 위해서는 감정적 요소가 중요하다고 생각한다.

달리 말해 친절함이라고도 표현할 수 있다. 이 친절함은 표현의 영역에 속한다고 생각하는데, 표현의 영역 안에서 친절함은 아주 보편적이기 때문에 차이를 만들어 내기 어렵다. 피상적으로는 모두가 다 친철하기 때문이다.

그러면 차이를 만들어 내는 친절함을 갖추려면 어떻게 해야 될까? 진정성이나 표현의 가치와 같은 내면적 차이를 느낄 수 있도록 하면 된다.

나는 미용업에서 20년 동안 일하면서 친절한 디자이너는 많이 만나보았지만, 정말 고객을 중요하게 생각하는 진정성 있는 디자이너는 생각보다 많이 경험해 보지 못했다. 우리는 알고 있다. 하이퍼포머라고 불리는, 소위 고객이 많은 디자이너들은 친절함보다는 이 진정성 있는 마음으로 많은 고객과 함께하고 있다는 것을….

늘 신선한 차이를 만드는 건 진정성이라고 생각한다. 미용인마다 고객에 대해 생각하는 가치는 다를 수 있지만, 그게 무엇이든 정말 나에게 중요한 사람이라는 태도와 마인드가 보편적 친절이 난무하는 지금의 서비스업계에서는 큰 차이로 작용한다.

따라서 고객에게 차별화된 신선함을 주기 위해서는 친절한 것보다 나에게는 진정성이 있는가를 중요하게 생각해야 된다. 신선함은 새롭다가 아니라 끌린다는 것이다. 소통에 있어서도 신선한 차이는 있다. 우리가 고객과 소통할 때는 고객의 니즈를 파악하고 고객에게 올바른 스타일과 어떤 만족을 제공할 수 있는지를 목표로 삼는다.

그런데 이 부분에 있어서도 차이는 반드시 존재한다. 대부분의 디자이너들은 소통할 때 기술적인 부분에 집중하게 되어있는데, 고객에게 원하는 사진을 보여 달라고 이야기하거나, 또는 원하는 스타일이 있는지를 집중해서 질문한다. 이러한 소통은 아주 기본적인 요소라 중요한 부분이기도 하지만, 어떻게 소통하느냐에 따라 고객과의 관계 향상 및 신선한 차이를 만들어 낼 수 있는 중요한 지점이기도 하다.

소통은 상대방이 왜 이렇게 생각하는지에 대해 대화하는 것을 의미한다. 그렇기 때문에 고객과의 대화에서 단순히 '좋다, 나쁘다, 그렇다, 그렇지 않다'는 단답형 대답보다는, 고객이 원하는 디테일을 끌어낼 수 있는 것이 중요하다. 대화 중 상대방으로부터 본인이 원하는 걸 이야기하도록 만들려면 정말 고도의 집중력이 필요하다. 표정, 말투, 대화의 포인트에 집중해 고객에게 내가 고객이 원하는 것을 이해하고 표현할 수 있는 미용인이라는 걸 인식시켜야 한다.

대표적으로 이 차이가 가장 큰 효과를 발휘하는 곳은 바로 SNS

이다. 인스타그램을 하는 디자이너들을 보면 소통의 차이가 얼마나 큰 신선함을 주는지 알 수 있다. 인스타그램에 게시물을 올리는 미용인들 사이에는 소통 방법에 있어서 큰 차이가 있다. 헤어스타일 사진을 올리면서 고객의 소통을 고려하지 않고 포스팅하는 디자이너들의 게시물을 보면 당연히 큰 반응이 없다. 이유는 고객이 보기에 다른 미용인들과 본인 사이에 차이점이 존재하지 않기 때문이다.

SNS에서는 고객과 소통을 고려한 포스팅을 가장 중요한 요소로 고려해야 한다. 예를 들면, A 디자이너는 헤어스타일 이미지에 "한 끗 차이를 아는 레이어드 스타일"이라고 표현했다. 그런데 이 표현은 전문가들만 이해할 수 있다. 따라서 어떤 '한 끗 차이'를 이해하고 있고 어떻게 표현하는지를 더 친절하게 풀어서 소통해야 한다.

반면 소통 방식에 존재하는 이런 미묘한 배려를 이미 이해하고 있는 B디자이너는 이렇게 소통한다.

"숱이 많은 고객님이 가장 좋아하는 한 끗 차이를 아는 레이어드 스타일"

이 글은 이미 상대의 욕망을 간파하고, 그것을 해결해주려는 해법을 제시하고 있다. 숱이 많은 고객들이 이 글을 접했을 때, 이 디자이너에게 관심이 가며, 그것이 소통의 시작이 되는 거다. 이런 것들이 바로 소통의 신선함이다. 남들과는 다르다는 것을 정확하게 소통해 주면 신선해진다.

하지만 상당수 미용인들은 너무나도 자연스럽게 인스타그램이나 블로그를 통해 정보를 공유하면서도 이러한 소통에 대한 부분은 집중하지 않는다. 고객들이 무엇을 원하고 궁금해하는지 파악해, 고객의 입장에서 초집중해 소통하는 방식으로 나아가야 한다. 소비자들은 이제는 더 이상 단순한 정보를 얻기보다는, 생산자가 어떤 생각으로 만들어 내는지까지도 중요하게 생각한다. 이것을 소비의식의 성장이라고 부른다.

결국 신선한 차이라는 건 소통의 집중과 진정성으로부터 만들어진다. 똑같은 방법으로 친절하게 집중하고 소통하는 건 신선하지도, 차이를 만들어 내지도 못한다. 신선함을 유지하는 것은 고객 만족과 소비에 가장 큰 기준이다.

우리가 음식을 먹을 때 얼마나 맛있는 것을 먹고 만족하는지는 결국 상당 부분 재료의 신선함에 달린 것처럼, 미용에도 맛의 차이를 만들어 내는 신선함이 있다.

07

모든 고객은
좋은 경험을 원한다

우리가 사용하는 '고객'이란 용어에 함의된 중요한 의미는 지속성과 반복성, 그리고 익숙함이다. 기본적으로 관계를 이어가는 전제로 표현하는 말인데, 고객이란 의미의 본질은 일생에 걸쳐 얼마나 오랫동안 좋은 관계를 유지하기 위한 노력을 기울이느냐에 따라 그 차이가 발생한다고 생각한다.

고객에 대한 나의 기준은 '나란 사람이 얼마나 좋은 경험을 상대에게 줄 수 있는지'에 따라 결정된다. '좋은 경험은 무엇일까?'라는 부분에 대해 고민해 보고 답을 내려볼 필요가 있다는 것이다. 새롭게 변화된 미용의 판에서는 이 좋은 경험의 기준을 이해하는 것이 중요하다.

예컨대, 소비자의 입장에서 상품을 구매한다는 건 그 상품을 사용하는 경험을 한다는 것이다. 이 경험을 통해 고객은 앞으로 계속해서 이 회사의 제품을 사용할 것인지 평가하고 판단하게 된다. 그렇기 때문에 이 경험은 나중에 지속가능한 소비로 이어지게 되어 있고, 브랜드에 대한 충성이나 애정으로 연결된다. 그래서 모든 기업들은 소비자에게 좋은 기업으로 인식되기를 바란다. 이 부분은 브랜딩과 밀접한 연관 관계가 있는데, 좋은 경험을 통해 지속가능한 팬덤을 만드는 것이 브랜딩의 목표이기 때문이다. "우리는 좋은 사람이야"라고 스스로 말하기보다, 소비자의 입장에서 "너희는 참 좋은 사람이야"라는 말을 들을 수 있는 경험을 만들어 내는 것을 목표로 하면 브랜딩이 된다.

좋은 사람들의 본질은 좋은 경험에서 나오며, 이때의 경험이란 보거나 듣거나 느끼면서 겪는 것, 또는 거기서 얻은 지식이나 기능을 의미한다. 경험에서 가장 중요한 것은 '보이는 모든 것'들이다. 우리는 좋은 날에 가족 모임이 있으면 집 앞의 익숙한 식당이 아니라 좋은 레스토랑을 찾아간다. 늘상 보는 익숙한 경험보다는 더 많은 비용을 지불하더라도 가치 있는 경험을 하기 위해서이다. 좋은 경험은 보는 것부터 시작된다.

헤어살롱에 찾아오는 고객들에게 좋은 경험을 만들어 주기 위해서는 우리가 보여주기를 원하는 것보다는 고객에게 좋은 경험이 될 요소들을 시각화하는 것이 중요하다. 대표적인 시각화로서 크게는 인테리어부터 작게는 사용하는 제품과 기구에 이르기까지, 모든 것들이 고객의 입장에서는 경험이다. 그렇기 때문에 시각화의 경험에 대해 그 어떤 것들보다 집중해서 관리해야 되는 분야가 미용업이다.

아울러 고객들이 오픈하는 매장을 좋아하는 것은 새로운 분위기와 청결 때문이다. 새로 오픈하는 헤어살롱은 모든 것이 깔끔하고 예쁘다. 단 시간이 지나면 당연히 익숙함으로 바뀔 수밖에 없다. 그렇기 때문에 내가 이야기하는 부분은 새로 오픈하는 살롱의 신선함이 아니다. 고객을 위해 관리되고 있는 경험을 이야기하는 것이다.

고객은 입구에서부터 살롱을 경험한다. 그렇다면 입구에 고객을 위한 무엇을 준비하는지가 고객의 경험을 채워 넣을 콘텐츠의 출발점이 된다. 매장에 놓여 있는 포스터부터 소품까지 고객에게는 사소한 모든 것이 경험이 된다. 그 공간 안에서 고객을 위한 배려를 담아내면 된다. 입구를 이용하는 부분에서 고객에게 불편함은 없는지, 비오는 날 우산꽂이는 준비되어 있는지, 고객이 편하게 이용할 수 있도록 관리되고 있는지에 대해 집중하면 그것이 배려가 된다. 그러한 좋은 경험이 하나하나 쌓여서 만족이 된다. 매장을 이용할 때는 앉는 자리, 사용하는 자리 역시 마찬가지다. 고객이 앉은 자리가 덥거나 춥지는 않은지, 오래 앉아있을 때 자리는 불편하지 않은지, 눈에 보이는 거울과 트레이는 잘 정돈되어 있는지 등, 고객에게 우리 살롱의 무엇을 볼거리로 제공할 것인지를 가장 중요하게 생각하면 된다.

카이정헤어 1호점은 신도시 변두리 상가 5층에 있다. 위치적으로 봤을 때는 미용실을 하기에 최악의 조건이지만, 단 하나, 뷰만큼은 엄청나게 강한 매력이 있다. 시야가 탁트인 위치에 산과 강이 보이고, 넓은 테라스 때문에 지루한 타임에 나가 차 한 잔의 여유를 만끽하기 좋다. 이런 경험 때문에 코로나19로 지치고 힘든 고객의 마음을 사로잡아 엄청난 속도로 1호점은 성장했다. 또한 디자이너는 늘 미용인답게 잘 정돈된 헤어와 메이크업, 의상으로 고객을 맞이했다. 이런 시각적 경험은 내가 전문가에게 헤어 서비스를 받고 있다는 느낌을 연출하고, 고객이 그 분위기를 누릴 수 있도록 하기 위해 필수적인 요소이다. 미용인들은 헤어스타일이 중요하다고 생각할 수 있겠지만, 고객에게 미용실은 단순히 헤어스타일뿐만 아니라 모든 것을 경험하기 위한 공간이다. 그러므로 시각화를 통한 고객의 경험이 무엇보다 중요하다.

좋은 경험에서 중요한 것은 시각화뿐만이 아니다. 고객의 귀로 경험하는 모든 것을 중요하게 배려해야 한다. 귀로 경험하는 것들은 대표적으로 두 가지가 있다. 매장 내에서 만들어 내는 소리와 고객이 만들어 내는 소리이다.

먼저 매장에서 만들어 내는 소리로 이야기하자면, 매장의 음악과 미용인들이 내는 모든 소리가 고객에게 듣기 좋아야 한다. 바쁜 주말에 살롱컨설팅을 나가보면 신나는 댄스곡과 힙합 노래가 나오는 매장을 심심치 않게 볼 수 있다. 이런 노래를 트는 미용인들에게 이유를 물어보면, 바쁜 토요일이기 때문에 신나는 노래를 듣지 않으면 힘이 나지 않는다고 한다. 나는 이런 매장을 디자이너 중심의 매장이라고 이야기한다. 고객에게 좋은 경험을 만들어주기 위한 배려가 아닌, 디자이너들을 위한 매장이다.

헤어살롱을 경험하는 고객은 힐링과 휴식을 원한다. 미용의 기본키워드는 아름다움과 힐링이다. 그렇기 때문에 고객의 힐링을 고려하지 않는 매장은 좋은 경험을 만들어 줄 수 없다. 바쁘게 일하는 디자이너와 수많은 고객들 사이에서 댄스곡을 들으며 힐링할 수 있는 고객은 많지 않다고 생각한다.

매장에서 고객을 위해 트는 노래는 좋은 경험을 위한 필수 조건이다. 대표적으로 좋은 경험을 위해 듣는 것에 집중하는 브랜드로는 스타벅스와 자라가 있다. 스타벅스는 오랜 시간 머물러도 지루하거나 식상하지 않은 음악에 집중하며, 자라는 입장하는 순간 파리 패션쇼에 와있는 듯한 느낌을 주는 음악으로 쇼핑에 재미를 더한다. 헤어살롱도 이제는 좋은 경험을 만들어줘야 소비자를 만족시킬 수 있다. 매장에서 고객들에게 들려주는 소리는 경험이자 만족이기 때문이다.

한편 매장에서 만들어 내는 소리는 이뿐만이 아니다. 미용인들의 목소리도 매장이 만들어 내는 소리이다. 고객은 입점부터 퇴점까지 디자이너의 목소리를 듣는다. 입점 시의 인사, 상담 시의 목소리 톤, 퇴점 시의 마무리 인사 때 들리는 목소리는 고객에게 매우 중요한 경험적 요소이다. 그렇기 때문에 우리는 고객에게 전달되는 소리에 각별히 주의하고 배려하며 좋은 경험을 만들어 내고 있다.

사실 그간에도 이런 측면들은 굉장히 많은 미용인들이 장점을 잘 살려오던 부분이다. 단, 우리는 의외의 소리를 통해 고객에게 좋지 못한 경험을 만들어주고 있었을 뿐이다. 동료들 간의 소통에서 발생하는 소리에서 좋지 못한 경험을 만들어주고, 많은 고객들이 이 경험을 최악의 사례로 이야기한다. 헤어살롱에 입점한 고객은 입점 순간 살롱의 모든 것을 듣는다. 고객에게는 음악도 중요한 요소이고, 고객과 소통하는 친절한 디자이너의 목소리도 중요하다. 마찬가지로 동료들 간에 소통되는 언어도 그 어떤 소리보다 중요하다. 데스크와 디자이너의 소통, 디자이너들 간의 소통, 크루와 디자이너들 간의 소통, 이 모든 과정에서 발생하는 소리도 고객에게는 중요한 경험이다. 그렇기 때문에 그 모든 것이 총체적으로 좋은 경험이 되도록 따뜻하고 행복한 소리로 가득 차 있어야 된다. 직원 간에 무례한 대화나 건조한 대화, 그리고 불편한 대화는 고객의 경험도 최악으로 만든다. 바뀐 헤어살롱의 판에서 고객은 질높은 경험을 원한다. 이것들을 반드시 인식해야 초격차의 만족을 줄 수 있다. 바뀐 미용의 판 안에서는 무엇보다 고객의 소리에 집중해야 한다.

한편 시각·청각적 경험도 모두 정말 중요하고 잘 관리되어야 하겠지만, 나는 이제 설명하게 될 '촉각'으로 느껴지는 경험이 헤어살롱에서 가장 중요하다고 생각한다. 왜냐면 소리나 눈은 음파와 빛을 통해 거쳐 들어오는 2차 자극으로 인한 경험이지만, 신체에 닿는 '촉감'은 고객과 헤어디자이너가 1차적으로 피부 대 피부로 느끼는 요소이기 때문이다. 현재의 살롱 성장에는 고객의 기준으로 최대 경험치인 '고객이 접촉되어 느끼는 경험'의 질을 신경쓰지 않으면 안 된다.

대표적으로 고객이 직접적으로 경험하는 촉감은 '스파'이다. 머리는 뇌와 가장 가까운 곳에 위치하며, 사람이 느끼는 청각, 시각, 촉각, 후각, 미각의 오감을 모두 갖춘 부위가 머리이다. 그렇기 때문에 스파 시 고객에게 전달되는 시각, 촉각, 후각, 미각은 단순히 커트나 시술을 위해 머리를 감는 행위가 아니라 고객에게 전달되는 가장 효과적인 감각이다.

대부분의 고객들은 커트가 진행되는 과정 동안 힐링과 만족을 얻지 못한다. 커트 과정의 전반에서 이루어지는 기술적인 부분을 이해하지 못하기 때문이다. 하지만 헤드스파를 통해 오감으로 전달되는 효과는 고객이 느낄 수 있는 최고치의 자극을 지닌 경험이다. 따라서 바뀐 미용의 판에서 고객들은 헤어살롱에서 시술받는 스타일도 중요하지만, 스파의 중요성 역시 무시할 수 없다.

　스파는 단순히 머리를 감는 행위가 아니다. 고객은 스파를 하는 미용인의 손끝에서 고객의 힐링을 생각하는 배려를, 목소리에서는 따뜻함을, 맡아지는 향과 온도에서는 편안함과 만족을 얻는다. 잘 숙련된 케어리스트와 스파 프로그램은 단순한 서비스의 개념을 넘어 이제는 고객 만족의 가장 중요한 배려 요소가 되었다. 카이정헤어는 이런 고객 소비 변화를 읽고 오픈 초부터 가장 높은 만족의 스파를 중시하고 있고, 이 만족에 대한 고객 피드백은 카이정헤어의 가장 큰 강점으로 작용하고 있다.

　고객을 만족시키는 것은 미용에 있어서 가장 중요한 본질적 가치이다. 좋은 경험을 만들어주지 못하는 살롱은 차이를 만들어 낼 수 없다. 때문에 무엇이 고객에게 신선함을 주는가를 알고, 고객에게 반드시 신선한 경험을 제공할 수 있는 살롱이 되어야 한다.

08

동행자의 삶을 만족시키는 헤어살롱이 성장한다

헤어살롱을 운영하면서 과거와 가장 큰 차이점을 느끼는 부분은 바로 직원에 대한 인식과 대우이다. 과거와는 많은 차이점이 있다는 말 정도로는 설명하기 어려울 만큼 직원들의 근무환경이나 대우는 아예 다른 형태로 바뀌었다. 그리고 서로가 서로에게 바라고 원하는 부분들도 크게 변화되었다. 지금 대한민국은 양극화의 사회라고 한다. 유명 개그 프로그램이나 유튜브에서는 1990~2000년대 출생자들을 MZ라고 부르며, 소위 '꼰대' 세대로 별칭되는 기성세대들과 비교하여 연일 풍자를 만들어 내고 있다. 실제로 각종 리서치의 지표만 봐도 대한민국의 사회적 갈등은 사회문제 수준의 수치를 보여준다. 구체적으로는 1위가 세대 간의 갈등, 2위가 성별 간의 갈등이라고 보고될 정도로 심각하다.

나는 새롭게 변화한 살롱의 판 안에서 이 세대 갈등을 어떻게 하면 장점으로 만들어 성장해 나갈지가 성장에 가장 큰 영향력으로 작용할 것이라고 생각한다. 따라서 세대차이는 갈등이 아니라 성장의 요소로 만들어야 한다. 과거 20년 전 살롱 문화에서 상하관계는 중요한 요소였다. 선배에게 배우는 것이 미용 교육에 있어서 가장 중요한 핵심 중 하나였다. 우리가 미용인이 되기 위해서는 미용 기술과 고객상담 서비스 등의 핵심 기술을 익혀야 하는데, 이를 배울 수단은 기존에 살롱에서 근무하고 있던 선배들의 경험을 통할 수밖에 없었다. 미용인으로 성장하기 위해서는 반드시 필요한 부분이 기술과 경험의 습득이기 때문에 선배들과의 관계, 많은 경험을 가지고 있는 윗세대와의 관계는 당연히 중요할 수밖에 없었다. 따라서 후배들은 선배들을 존중하고 배려하며, 선배들은 이러한 문화 속에서 성장해 왔기 때문에 대를 이어 미용을 전수하기 위해 후배 양성을 무엇보다 중요한 업의 과제로 생각했다.

하지만 이제는 이런 부분이 살롱의 수직적 조직 문화에서 가장 많이 바뀐 부분이라고 생각한다. 지금은 빠른 성장의 문화이다. 그렇기 때문에 20년처럼 디자이너에서 원장이 되는 데 20년씩이나 걸리는 시대가 아니다. 5년이면 원장이 될 수 있고, 성장하고 성공한 미용인도 1~2년만에 될 수 있다. 가장 큰 변화는 교육에서 시작되었다. 과거와는 다르게 우리는 기술을 너무 쉽게 배울 수 있다. 매일 어마어마한 정보가 쏟아지는 인스타그램과 유튜브를 통해 기존에 어렵고 힘들게 노력해서 배우던 기술과 지혜는 집에서도 누워서 배울 수 있는 환경으로 바뀌게 되었다.

이런 변화에 따라 미용인들은 인간관계에 대한 부분보다는 무엇을 얻을 수 있는지에 집중하게 되었다. 이에 따라 살롱의 문화도 바뀌게 되었는데, 대표적인 변화가 바로 경험 중심의 선배 존중 문화에서 실력주의의 성과 문화로의 이동이다. 이제는 누구라도 성과만 만들어 낸다면 높은 직급과 유명세, 그리고 존중을 받을 수 있다. 시대는 변화했다. 나도 미용인으로서 이런 시대변화에 맞추어서 변화했기 때문에 더 빠르고 크게 성장했다고 생각한다.

성과중심 문화는 성장의 가속도를 만들고, 성과로 성장할 수 있는 기준을 세웠기 때문에 누구라도 노력한다면 성장할 수 있는 특징을 지닌다. 그리고 특히 기성세대와 MZ세대의 가장 큰 차이점은 이 성과에 대한 가치 기준에 있다. 기성세대는 세대 간의 경험을 존중받길 원하고, MZ세대는 성과 중심으로 존중받기를 원한다. 여기에서 세대갈등이 일어난다. 나는 살롱브랜드를 만들고 헤어살롱을 운영하면서 이런 부분에 대해 가장 많은 고민을 했다. 어떻게 하면 두 세대 모두 만족할 수 있는 문화를 만들 수 있을까?

우리에게 그 해답은 바로 '동행자' 문화였다.

세대 간의 가치 기준과 문화는 다르지만, 같은 목표를 두고 노력한다면 결국 한 방향을 볼 수 있을 것이라고 확신했다. 그리고 기존의 세대와 새로운 세대를 융합하기 위해 '동행자'라는 뜻을 섬세하게 개념화하여 핵심가치로 전달했다.

먼저, 동행자는 위에서 잠깐 언급했던 것처럼 같은 곳을 바라보며 함께 동행하는 사람이라는 의미이고, '같은 뜻을 따른다'는 의미를 지닌다. 특히 헤어살롱에 있어서 동행의 의미는 무엇일까? 같은 목표를 이룬다는 것이다. 그리고 같이 이룰 수 있는 목표는 동행에 있어서 가장 중시되어야 할 요소이다.

그럼 함께 이룰 수 있는 공동의 목표는 무엇일까? 바로 성장이다. 성장이라는 키워드는 카이정헤어 동행자들에게 기성세대와 신세대를 융합하고 카이정헤어 안에서 디자이너가 되고 싶은 크루들까지 하나로 융합하는 가장 확실한 목표이자 키워드이다. 성장이라는 키워드를 가지고 함께 동행하기 위해서는 무엇이 성장을 만드는 요소인지 파악해야 된다. 우리는 이것들에 대해 집중하고 고민하며, 우리에게 성장이란 무엇인지에 대한 본질적 답을 찾았다.

카이정헤어의 동행자에게 성장이란 '인의예지를 통한 인간적 성장'을 의미한다. 어진 마음으로(仁), 올바르게 행동하고(義), 타인을 존중하며, 반듯하게 처신하고(禮), 사리를 깨치는(智) 사람. 이 4가지 덕목을 통해 행복한 사람으로 성장하는 것을 동행자의 목표로 삼았다. 그렇기 때문에 나라는 개인이 성장하고 행복하기 위해서 구성원의 성장과 행복을 돕는 것이 우리가 말하는 동행자의 본질이다. 내가 성장하기 위해 남을 돕는다. 이것은 미용인의 본질이다. 나 한 명으로는 아무리 노력해도 한계가 있다. 하지만 모두가 도와줄 수 있는 환경이라면 나 한 명이 아니기 때문에 한계는 그만큼 적어진다.

그렇다면 모두가 나를 도와주는 동행자가 되기 위해서는 어떻게 해야 될까? 좋은 성품과 인품을 가지고 있어야 된다. 남을 먼저 돕고, 남을 위해 희생하며, 남을 배려하는 마음이 없으면 누구도 나에게 같은 마음을 가지지 않는다. 결국 내가 성장하고 성공하며 좋은 미용인이 되기 위해서는 누군가의 도움은 반드시 필요하다. 그렇기 때문에 기성세대나 신세대로 세대를 분류하지 않고 모두가 우리의 성장을 위한 동행자로 인식하는 자세가 남들보다 100배 더 빨리 성장할 수 있는 원동력이 된다.

물론 이처럼 도움을 주고 배려하며, 나누고 성장하기 위한 노력의 과정에서 오너부터 크루에 이르기까지 그 누구도 일방적인 희생자가 있어서는 안 된다. 크루들은 매장의 환경에서 늘 약자의 입장일 수밖에 없다. 하지만 크루는 가장 중요한 우리의 동행자이며, 따라서 그들의 성장과 교육에 누구보다 힘써야 한다. 이를 위해 그들을 바라보는 인식부터 바꿨다. 크루들을 약자가 아닌, 살롱의 성장에 가장 중요한 '핵심인재'라는 인식의 전환을 이루었다.

마찬가지로 디자이너 안에도 직급의 차이는 있지만, 이 차이는 우리에게 있어서 상하의 관계가 아닌 지혜의 기준이다. 따라서 매장 일을 함께 하거나 누군가를 도와주는 부분에 있어서 직급자라 하더라도 예외를 두지는 않는다. 성장에 있어서 구성원들이 느끼는 공동의 가치는 늘 가장 중요한 요소가 된다. 왜냐면 결국 누군가는 하고 누군가는 하지 않으면 그 어떤 사람도 기쁘게 도움을 줄 수는 없기 때문이다. 받은 만큼 돌려줄 수 있는 문화는 성장에 가장 중요한 요소이다. 우리는 미용인을 매출로 평가하지 않는다. 얼마나 많은 동행자들의 삶에 좋은 영향력을 주었고 노력했는지를 평가하고 독려한다.

자신 있게 이야기하지만 카이정헤어의 근무 만족도는 대한민국 최고라고 자부할 수 있다. 매출이 아니라 사람의 성장을 중요하게 생각하고, 그 안에서 모두의 성장을 돕는 문화, 그리고 가장 중요한 '함께 성장하는 문화'를 만들지 못한다면 헤어살롱 비즈니스에서 미래는 없다. 과거와는 다르게 이제 미용인들은 더 이상 인과 연에 얽매이지 않는다. 헤어살롱에 있어서는 그 무엇보다 중요한 자산이 동행자이며, 함께 성장할 수 있는 가치는 살롱브랜드에 있어서 그 어떤 미래보다 중요한 요소이기 때문이다.

09

모든 성장은 공정하고
정의롭게 해야 한다

살롱의 미래를 이끌어가는 신세대인 MZ세대들은 공정함과 정의
로움을 가장 중요한 핵심가치라고 생각한다. 때문에 현재의 모든
기업들은 어떻게 하면 MZ세대와 소통하면서 그들에게 공정함과
정의로움을 만족시켜 줄 수 있는지에 대해 상당히 많은 노력과 공
을 들이고 있다. 마찬가지로 나는 '바뀐 미용의 판 안에서 공정함
과 정의로움이란 무엇인가?' 또 '우리는 어떤 공정함과 정의로움
을 줄 수 있는가?'가 중요한 가치라고 생각한다. 또 이러한 공정함
과 정의로움을 실현하기 위해 많은 생각과 노력을 한다. 미용의
미래자산은 늘 사람이기 때문에 같이 일하는 동행자들의 만족을
위해서라면 기업의 가치와 형태, 그리고 오너의 철학조차도 성장
해야 된다고 생각하기 때문이다.

먼저 공정함과 정의로움부터 이야기해보자.

마이클 샌델의 《정의란 무엇인가》(이창신 역, 김영사, 2010)에는 정의로움에 대해 사회가 가지는 역할과 인식에 대해 자세하게 기술되어 있다. 이 책은 대한민국에서 엄청난 판매량을 기록했고, 그 이유는 현재 대한민국 사회에서 사람들이 느끼는 공정함과 정의로움에 대한 목마름 때문이라고 생각한다.

'공정함'이란 '공평하다'는 의미로 넓게 통용된다. 그렇기 때문에 사실 공정함이라는 단어를 들었을 때 이 단어가 의미하는 바를 이해하기 어렵지는 않다. 하지만 '정의롭다'라는 단어를 들었을 때 '정의란 무엇인가?'에 대해서는 정말 많은 본질적 고민을 하게 되었다. 내가 찾은 답은 '공정하다는 것은 정의로움을 만드는 하나의 기준'이라는 점이다. 그렇다면 공정은 방법이고 정의는 가치관이다.

정의는 조직이 지녀야 할 가치관 중 최상의 핵심가치이다. 나는 '정의'를 그 누구도 지켜야 할 가장 높은 가치의 질서라고 생각한다. 헤어살롱들이 오픈할 때 우리는 많은 부분을 창조해 나간다. 인테리어의 콘셉트나 가격, 메뉴, 브랜딩의 방향성이 중요하고, 이 부분은 시스템에 속한다. 고객이 우리를 이용하기 위한 최소한의 시스템이다. 대부분의 브랜드들이 이러한 부분에서는 이미 기본기를 갖추고 있고 잘 해내고 있다. 하지만 정의로움을 만든다고 한다면 '정의로움이 뭐야?'라고 분명 다들 물음표를 띄울 것이다.

　나도 처음부터 이 부분에 대해 신경 썼던 것은 아니다. 하지만 영업이 시작되고 고객이 방문하며 수많은 살롱워크가 진행됨에 따라 공정성에 관련된 많은 이슈들이 생겨났다. 그리고 그 안에서 발생하는 수많은 인과관계에 함께하는 동행자들이 "이것은 공정하지 않다. 불합리적이고 이해할 수 없다."라는 말을 꺼냈을 때, 공정함에 대해 고민하기 시작했다. 또 그 공정함을 해결하기 위해 정의로움을 이해하기 시작했다.

　브랜드가 커지고 함께 일하는 직원이 100명이 된 지금, 나는 그 어떤 가치보다 '정의롭다, 공정하다'는 의미에 대해서 선명하게 인식하고 있다. 아울러 살롱에서 발생하는 모든 문제의 해결에 정의로움의 기준이 없다면 누구도 공정하다고 느끼지 못한다는 걸 인식하게 되었다. 그렇기 때문에 우리 살롱이 만들어 내는 '무엇이 정의로운지'에 대한 기준은 모든 문제를 해결하는 방향성이자 성장의 지표가 되었다.

　정의로움은 살롱의 리더가 만들어 내야 하는 가장 중요한 가치이다. 정의로움을 만들기 위해서는 핵심가치와 그 가치를 실현화하는 세부적인 가치, 그리고 공정함을 연결해야 한다.

특히 핵심가치를 만들어 내야 하는 이유는 우선순위를 정하는 기준이 되기 때문이다. 우리는 핵심가치를 인간 성장이라고 말한다. 인의예지를 통한 인간의 성장은 우리에게 있어서 모든 판단과 생산의 기준이 된다. '어떠한 방향성이 인간의 성장을 만들어 내는가?'라는 부분에 대해서만 고민하면 되기 때문에 브랜드 성장에 명확한 나침판이 되어준다. 그 뒤에는 세부가치를 정하면 된다. 기술, 마인드, 고객 성장이 우리의 성장에 세부가치이자 목표다. 성장이라는 핵심가치에서 우리가 성장의 방향성을 잡는 2~3가지의 가치를 정한 다음, 이제는 그 가치를 성장시킬 목표와 구체적인 계획을 정하면 된다.

우리에게 기술성장이란 고객이 원하는 헤어스타일을 실현할 수 있는 디자이너가 되는 것을 의미한다. 어떤 트렌드나 유행을 따라가기보다는, 고객이 원하는 이미지가 있을 때 가장 보편적인 만족을 주기 위해 기본기에 충실한다. 이 가치를 표현하는 문구가 바로 "특별하지는 않지만, 손질이 쉬우며 관리가 편한 '보통헤어스타일'로 디자인한다"라는 것이다. 이 문구는 트렌드나 유행을 추수하지 않고, 가장 완벽하면서도 고객에게 어울리는 디자인을 높은 퀄리티로 구현하겠다는 우리의 기술적 자부심을 표현한다. 마인드 성장은 인품과 성품을 갖춘 디자이너가 되는 것을 의미한다. 우리에게 인품은 사람 사이에 갖춰야 하는 기본적인 예의를 의미한다. "예의 있는 사람이 인품 있는 사람이다"라는 기준이다. 품성은 사람의 성질을 의미한다. 좋은 품성이란 사람을 좋아하고 사람에게 해가 되지 않는 성정을 의미한다. 그렇기 때문에 우리에게 인품과 품성의 성장은 동행자들의 행복과 나의 행복에 중요한 역할을 한다.

우리에게 고객 성장은 얼마나 많은 사람들을 동행자로 만들어낼 것인지에 대한 가치이다. 우리는 고객을 단순히 찾아오는 손님으로 정의하지 않는다. 나의 가족, 나의 친구, 나의 손님, 나의 크루, 나의 오너, 나를 찾아오는 모든 사람을 고객이라 지칭한다. 우리에게 동행자가 많아지는 것은 우리의 삶이 더 많은 사람들로 행복해질 수 있다는 것을 의미한다. 따라서 고객을 성장시키는 것은 동행자의 성장에 중요한 가치이다. 인·의·예·지를 기반으로 성장이라는 핵심가치에 이렇게 세부 가치를 정하면 정의가 정립되는 것이다. 그런 다음에는 모든 방향성과 목표를 이 기준에 맞추어서 성장하면 된다.

정의는 함께 노력하는 사람들에게 큰 동기부여와 가치가 된다. 우리가 만든 이 가치가 정의롭지 못하다고 느낀다면 그들이 원하는 정의를 찾아가기 때문에 정의로운 살롱은 한뜻으로 모이게 된다. 목표의식이 모호하지 않게 된다는 것이다. 공정은 이 정의의 기치 아래 성장과 노력을 하는 데 중요한 기준이 된다. 우리가 얼마나 공정하게 노력하는 사람들의 열정을 인정해 주고, 성장하고 싶어 하는 사람들을 성장시켜주느냐에 따라, 역으로 직원들의 노력에는 차이가 나타난다. 그리고 이 노력의 결과에 따른 보상의 차이는 직원들에게 스스로 노력을 더할 동기부여가 된다. 즉, 같은 노력을 해야 하는 게 아니라, 노력한 만큼 보상을 받을 수 있는 것이 공정이다.

예를 들면, 고객성장이라는 가치 기준의 목표와 방향성에 맞게 카이정헤어의 모든 디자이너들은 고객을 성장시키고 싶어한다. 그렇다면 '어떻게 해야 고객 성장을 위해 최선을 다하고 조직 구성원들 중에 노력하는 사람들에 대해 보상해줄 수 있을까?'를 고민하는 게 공정이다. 그래서 우리는 기준을 명확하게 하고, 노력하는 사람들이 불공정 때문에 피해를 보지 않도록 시스템을 만들었다.

미용실을 검색하고 이용하는 데에 있어 네이버 플레이스는 고객들에게 중요한 통로가 된다. 이 통로 안에 디자이너들은 순서대로 노출되게 되어 있는데, 고객들은 상위에 있는 디자이너들을 선택하고 볼 확률이 당연히 높아질 수밖에 없다.

모든 디자이너들은 더 많이 노력한 것들에 대해 보상받으며 고객을 성장시키고 싶어 한다. 그럼 이 순위를 공정하게 두면 된다.

그래서 우리는 인스타그램과 네이버 블로그에 리뷰 답변을 가장 많이 한 디자이너에게 우선순위를 두어 평가하게 되었다. 열심히 하는 디자이너들은 노력의 가치를 인정받았고, 열심히 하지 않는 디자이너들은 순위에 대한 기준이 명확하기 때문에 순위가 낮은 부분에 대해 불만을 이야기할 수 없게 된다. 오너의 주관적 생각이 아니라, 살롱의 핵심가치에 따른 정의로운 공정이 실현되면 노력하는 사람은 더 노력하게 되고 문제에 대한 기준도 명확해진다.

나는 이 정의로움을 법이라고 이야기한다. 법은 우리가 행동하며 추구하는 모든 가치의 기준이 된다. 이 기준이 명확하여 공정하게 법을 지키는 사람들을 지켜주고, 법을 어기는 사람을 제재한다면 무엇보다 공정한 헤어살롱이 된다.

카이정헤어는 오픈 이래로 늘 가장 공정하고 정의롭게 성장하는 것을 중시하고 있고, 지금도 매년 많은 워크숍을 통해 우리의 정의로움이 무엇인지, 공정함이 무엇인지를 공유하고 인식시키는 데 최선을 다하고 있다. 따라서 우리에게 성장하기 위한 노력을 하는 것은 당연한 문화이다. 정의롭고 공정하지 못한 살롱에 성장은 없다.

10

성과 중심 경영 없이
성장은 불가능하다

헤어살롱에서 경영이란 용어는 일반적으로 사용되지 않았던 단어였다. 그동안 헤어살롱은 경영보다는 장사의 범주에 속했기 때문이다. 그렇기 때문에 우리는 장사가 더 잘되도록 고객에게 집중하고 마케팅과 세일즈를 통해 매출의 목표를 성장시키는 데 모든 역량을 집중해 왔다. 그렇게 살롱들은 빠르게 성장해 왔고, 기업화가 이루어지면서 이제는 살롱들도 경영의 영역에 들어오게 되었다.

과거에는 헤어살롱을 경영한다고 이야기하면 프랜차이즈나 대형 규모 브랜드들만의 영역이라고 생각할 수밖에 없었다. 하지만 이제는 개인 살롱에도 경영의 영역이 중요하고, 경영 능력을 갖춘 인재가 있는지가 중요한 포인트가 되었다. 이런 변화에는 사회 구조의 변동이 가장 큰 역할을 하였다. 과거에는 세무나 노무에 대한 중요성이 크게 부각되지 않았다. 현금 거래 위주의 소매출인 헤어살롱은 비교적 세무에 대해 자유로울 수밖에 없었고, 노무 또한 영세사업으로 분류되고 있는 헤어살롱의 입장에서는 크게 제약이 없었다. 그렇기 때문에 수익을 많이 보장받을 수 있었고, 노무와 세무로부터 자유롭게 영업이익을 극대화할 수 있었다.

하지만 이제는 시대가 바뀌었다. 대부분의 살롱들은 세무사를 통해 세금을 효과적으로 관리하고 있고, 노무사를 통해 근로자들과 프리랜서 디자이너들의 근무를 관리하며 성장하고 있다. 그렇기 때문에 과거와는 다르게 '아끼면서' 경영할 수 있는 시대가 아니라 '해야 되는 것'을 해야 하는 시대로 바뀌었다. 따라서 경영은 살롱 운영의 필수 요소이며, 경영자의 자질이 살롱의 운영과 성장에 큰 비중을 차지하게 되었다.

바뀐 헤어 비즈니스의 판에서는 개인숍도, 소규모 살롱도, 중대형 살롱들도 경영을 해야 성장하고 생존할 수 있다. 카이정헤어는 이러한 기존보다 더 큰 단위의 경영을 하기 위해 무엇보다 경영자의 양성과 경영시스템 도입에 총력을 기울여 살롱을 성장시켰다. 그리고 경영의 방향성은 우리를 최단기간에 8개의 살롱을 오픈하고 브랜드 연매출 100억을 달성하는 기업으로 성장시켰다. 미용인으로 살롱을 경영한다는 것은 이제는 단순히 장사를 하는 영역이 아니다. 헤어디자이너도 마찬가지로 장사를 하기 위해 일하면 안 되며, 디자이너를 상품으로 보고 경영해야 되는 시대이다.

그렇다면 경영은 무엇일까? 경영이란 그 설립목적에 부합하도록 의식적으로 계획·유도하고 지휘하는 것을 말한다. 그렇기 때문에 기업은 목표가 있어야 하며, 그 목표를 달성할 수 있는 구체적인 계획과 수단을 강구해야 한다. 그리고 그 안에서 무엇을 얻을 수 있는지 철저하게 득과 실을 생각하면서 경영해야 한다. 바로 성과 중심으로 일하는 것이다.

성과란 목표를 달성했을 때 얼마나 이익을 만들어 냈는지가 중요하다. 한정된 자원과 역량 안에서 정해져 있는 법을 준수하며 지출을 유지는 동시에 성과를 만들어 내야 하므로, 유능한 경영이 요구된다. 반면 매출은 높은데 이익이 안 남는 살롱, 투자는 많은데 성과는 없는 살롱들은 경영자와 경영의 부재로 생기는 결과이다.

성공적인 경영을 위해서는 3단계로 경영 요소들을 점검할 필요가 있다.

1단계, 경영자의 존재 여부이다.

좋은 경영 실력이 있는 경영자가 아니라, 경영자의 역할을 수행해 줄 수 있는 경영자가 필요하다. 요즘 최악의 경영난을 겪고 있는 모든 살롱들의 특징은 매출만 담당하는, 디자이너의 역할만

하는 리더들만 존재하는 살롱들이다. 경영자가 반드시 필요한 이유는 경영자로서의 역할 때문인데, 이 역할은 크게 2가지이다. 먼저 '성장목표'를 정하고 목표 달성을 위한 구체적인 '방향성'을 만드는 것이며, 다음으로 현재 우리 살롱이 가지고 있는 '문제의 인식과 보완의 역할'을 수행해야 하는 사람이 경영자이다. 그렇기 때문에 살롱 안에서 경영자의 존재 유무는 현재 우리 살롱이 경영이라는 시스템을 통해 어떤 방향성을 이룰 수 있는지를 결정하게 된다. 이때 경영자는 살롱이라는 큰 배를 움직일 때 가장 중요한 선장으로의 역할을 해줘야 된다.

2단계, 경영자가 선정되고 역할을 수행할 사람이 있다면, 살롱들은 경영을 준비하면서 목표 달성을 위한 계획을 수립하며, 현재 상황에 대해 지속적인 피드백을 통해 장점과 보완점을 파악해 목표 달성을 위한 노력을 해야 한다.

예를 들어, 현재 우리 살롱이 신규 오픈한 매장이고 신규고객 유치가 목표라면 어떤 마케팅과 세일즈를 통해 고객을 유치할 것인지 목표를 명확히 해야 한다. 그리고 목표 달성을 위해 계획을 순차적으로 진행하면서 성과가 좋다면 잘하는 부분을 더 잘할 수 있도록 피드백해야 한다. 만약 생각보다 성장이 저조한 경우, 성장이 이루어지지 않은 부분들에 대해 어떤 문제점들을 보완해야 할지를 명확히 하지 않으면 목표의 달성은 이룰 수 없다.

이제 과거와는 다르게 고객에게만 잘하면 된다는 식의 영업 방법은 통하지 않는다. 고객의 니즈가 다양하고 소비패턴이 변화한 만큼 현재 상황에 맞추어서 우리 살롱을 성장시키려면 철저한 계획과 목표가 필요하다.

3단계, 이 목표는 반드시 달성 기간이 존재해야 하고, 기간이 종료됨과 함께 목표 재설정이 필요하다.

경영의 마지막 단계는 목표의 재설정과 순익계산이다. 기간 내에 목표 달성을 마무리하고 보면 목표달성률을 알 수 있다. 예를 들어, 3개월간의 목표가 신규고객 200명 유치였는데, 기대보다 성과가 좋아 400명 유치하게 되었다고 가정하자. 목표달성률은 200%가 된다. 그렇다면 200명을 유치하는 목표 자체가 난이도가 높지 않았던 것으로 평가되고, 더 많이 성장하기 위해 목표를 재조정하는 작업이 필요하게 된다. 그런데도 불구하고 만약 또 한 번 목표를 200명으로 잡는다면 성장은 이뤄질 수 없다.

반면 100명의 고객만 유치하게 되어서 50%의 목표만 달성하게 되었다면 목표 달성이 어려웠던 이유를 파악한 후에 보완해서 100%의 목표를 달성할 수 있도록 재조정해야 된다. 이렇게 목표와 달성률을 경영자가 설정해서 나아가다 보면 기본 근력이 생겨서 목표를 달성하고 이루어나가는 체력이 탄탄하게 갖춰진다.

또한 순익의 계산도 중요하다. 소비된 지출과 노력에 비해 이룬 목표가 어떤 성과를 가져왔고, 얼마나 순익이 남게 되었는지도 중요하다. 실제로 많은 살롱들이 이러한 부분을 계산하지 않아 노력을 하고도 큰 손해를 본다. 예를 들어, 100만 원짜리 선불권을 20장 판매해 2,000만 원의 매출을 얻는 게 우리 살롱의 목표라고 해보자. 그렇다면 이렇게 노력해 올린 2,000만 원의 매출이 얼마나 우리 매장에 순익을 가져오게 되었는지 반드시 예상해야 하고, 실제 판매했을 때 남은 이익이 얼마인지도 계산해야 된다. 과거 살롱들과는 다르게 요즘 살롱들의 순익은 실제로 15~20% 정도밖에 되지 않기 때문에 손실 영업을 하게 될 경우에는 자본이 약해서 다음의 투자가 원활하게 이루어지지 않는다.

마케팅도 마찬가지다. 디자이너 선생님들과 함께 1일 1개 인스타그램·블로그, 총 40개의 게시물을 목표로 잡고 노력했더라도, 성과를 얻을 수 없다면 이익이 나지 않는 것이다. 40개라는 포스팅 숫자 달성에 만족하는 것이 아니라, 나는 얼마나 노력에 대비한 이익을 얻었고, 성과를 만들었는지가 중요하다. 만일 40개의 포스팅 후에 단 하나의 성과도 없었다면, 이 노력은 엄청난 손실로 끝난 게 된다. 그렇기 때문에 경영자는 기간 종료와 동시에 달성률과 성과 순익에 대한 모든 부분을 평가하고 피드백해서 목표를 재설정해 성장을 이어 나가야 된다.

이제 더 이상 열심히만 하는 살롱들은 성장할 수 없다. 열심히 한다는 것은 잘한다는 것을 의미하고, 많은 기업들은 열심히 잘하기 위해 OKR(Objective, Key Results)의 도입 등을 통해 기업의 목표를 명확하게 하며, 성장의 이익을 정확히 계산해 경영하고 있다. 카이정헤어는 현재 우리가 달성한 목표에 달성을 안주하지 않고, 경영자들의 양성과 성장 가능한 목표의 설정을 통해 빠르고 정확하게 '남는 경영'을 하고 있다. 이것이 카이정헤어의 고속 성장 비결이다.

더 이상 미용인들은 열심히 하는 노력 자체에 만족하면 안 된다. 미래를 위해 경영자의 자질을 키우고 성장 이익을 실현하는 목표를 설정해야 된다.

11

통찰력의 자질을 갖추기 위해서는
교육자가 되어야 한다

사람은 배움을 통해 성장한다. 이 진리는 역사에서 이미 증명된 가치이다. 우리는 무언가를 깨닫고 성장하며 삶을 더 풍요롭게 만들기 위해 교육을 받는다.

사람의 깨달음은 앞으로 우리가 나아가야 하는 방향인 미래의 목표에 대한 통찰력을 만드는데, 이 통찰력을 가지기 위해서 반드시 동반되어야 필수조건이 배움이다. 통찰력은 사물의 본질이나 특성을 꿰뚫어 보는 능력을 의미하는데, 통찰력이 생긴다면 미래에 나아가야 하는 방향에 대해 두려움이나 망설임이 생기지 않는다.

성장을 위해서는 본질을 꿰뚫고 미래를 통찰하는 능력을 갖춰야 한다. 이 통찰력의 여부에 따라 우리 삶의 성장이 결정된다. 새로운 판의 흐름에 올라 타기 위해서는 통찰력이 반드시 필요하다.

우리는 통찰력의 자질을 3단계의 과정을 통해 습득할 수 있다.

첫째, 통찰력을 얻기 위해서는 '배움의 단계'가 필요하다.

우리가 무언가를 교육받는 이유는 정보 습득을 위해서이다. 이 정보의 질과 양은 사람의 성장에 있어서 가장 중요한 기본요소이다. 질 좋은 정보를 교육받고 습득한 사람은 그 정보로 빠르고 정확한 성장이 가능하다. 따라서 교육받을 때 피교육자가 가장 먼저 고려해야 할 사항은 '내가 지금 이 교육을 통해 어떠한 정보를 얻을 수 있는지'에 대한 예상이다. 현재 나에게 필요하지 않은 정보라면 아무리 열심히 교육을 받더라도 크게 도움이 되지 않는다. 얻고자 하는 정보의 가치나 그걸 가르치는 강사의 자질을 중요하게 생각하고 교육에 참여해야 한다.

둘째, 배움을 통해 정보를 얻고 나면 경험을 통한 '지혜 축적의 단계'로 나아가야 한다. 정보를 활용하며 그 정보가 실제로 성장에 영향을 미치는지, 또는 어떤 케이스에 활용하고 사용해야 되는지, 어떤 형태로 응용해야 하는지에 대한 부분이다. 이런 경험은 사용자가 정보를 통해 얼마나 다양한 경험을 하려고 하는지에 따라 지혜의 힘으로 축적된다.

나는 이 부분을 크루와 디자이너의 가장 큰 차이로 생각한다.

사실 미용인이 가지고 있는 기본적인 정보의 차이는 크지 않다. 디자이너도 크루도 모두 교육을 통해 정보를 습득하며, 그 정보의 크기나 질은 크게 차이 나지 않는다. 다만 수많은 정보와 지식을 통해 다양한 고객의 케이스를 경험하고, 그 정보를 통해 풍부한 경험을 얻는 과정이 크루보다 디자이너들에게 더 직접적으로 일어나기 때문에 디자이너의 성장이 크루의 성장보다 빠른 것뿐이다.

그렇기 때문에 우리는 다양한 케이스의 고객과 상황에 대응하기 위해서 경험적 정보를 통해 지혜를 많이 쌓아 두어야 한다. 바로 이 때문에 미용업계에서는 기술과 정보만 교육받는다고 해서 헤어디자이너가 될 수 없는 특성이 존재한다.

셋째, 정보와 지식을 살롱 워크에 활용하여 얻은 지혜가 교육으로 환원되는 과정에서 통찰력이 더욱 깊어지는 '가르침의 단계'이다.

경험들이 축적되면 교육자의 기본 자질이 갖추어진다. 경험적 지혜와 지식의 수준이 없는 미용인은 누군가를 가르칠 수 없다. 왜냐면 피교육자들이 가장 크게 원하는 것은 교육 과정에서 책을 통해 얻는 기본적인 지식이 아니라 강사의 '지혜와 경험'이기 때문이다. 따라서 교육 과정에서 많은 사람들의 다양한 궁금증과 배움에 대한 갈증을 얼마나 해소해느냐에 따라 교육자에게도 비로소 통찰력이 생기기 시작한다.

특히 배우는 사람들이 가지고 있는 장단점의 파악도 통찰력이 없이는 불가능하다. 예컨대, 필자는 한 학생의 교육을 맡게 되었는데, 그 학생을 맡으면서 주변 강사들에게 가장 많이 들은 피드백은 '수강 태도가 좋지 못하고 이해력이 부족하다'는 것이었다. 통찰력이 부족한 강사의 경우 교육 시 이런 피드백을 받으면 선입견이 생기게 되고, 그 학생의 성장을 위해 해소해야 하는 부분을 정확하게 찾아내지 못한다. 하지만 경험이 풍부하고 통찰력이 있는 강사는 학생의 문제점을 통찰해 성장할 수 있는 교육을 진행한다.

내가 접한 그 학생의 문제는 단순하고 명쾌했다. 이해력이 부족한 게 아니라 '이해의 순서'가 다른 것이었다. 일반적으로 우리는 글이나 사진을 통해 정보를 얻고 그 정보를 활용하지만, 그 학생은 직접 손으로 움직여 보고 얻은 결과를 정보로서 더 중시했다. 따라서 나는 그 학생에게 다른 학생들보다 실기연습으로 더 많은 과제를 내주었고, 당분간 책은 보지 말라고 당부했다. 그렇게 3개월 후, 그 학생은 우리 반 20명의 학생 중에 가장 뛰어난 성적으로 해당 레벨을 졸업했다.

나는 이런 통찰력의 차이가 바로 초일류가 가지고 있는 변별점이라고 생각한다. 성장의 핵심을 꿰뚫어 보는 통찰력, 초일류들만이 가지고 있는 자질이다. 그렇기 때문에 나는 통찰력을 얻기 위해서는 정보를 배우고, 경험을 통해 지혜를 쌓으며, 가르침을 통해 실제로 통찰하는 연습을 꾸준히 하는 것이 초일류 미용인으로 성장하기 위한 가장 중요한 트레이닝이라고 생각한다. 이 때문에 이미 세계적으로 유명한 초일류들은 교육자로서 자질을 갖추고 있음에도 불구하고, 이 능력을 업그레이드하기 위해 최선을 다한다.

통찰력이 있는 미용인은 미래에 일어날 일들을 예측하거나, 미래의 문제에 대해 미리 대응하며 정확하게 성장을 이룬다. 특히 헤어살롱의 성장에는 통찰력을 갖추고 있는 교육자의 양성과 성장이 가장 중요하다. 우리는 미용인으로서 배움과 가르침의 길을 항상 가장 중요한 가치로 생각해야 한다. 성장을 원하는 살롱은 늘 교육과 가깝고, 성장을 원하는 디자이너는 늘 교육 안에서 성장한다. 하지만 나는 디자이너의 성장 중 기술적 부분은 어느 단계가 되면 더 이상 진전되지 않는다고 생각한다. 이후부터는 마인드와 가치의 성장을 통해 통찰력을 길러야 하며, 이것이 가장 큰 성장과 차이를 만들어 내는 '초일류'의 노하우다. 만약 이 과정에서 어떤 점을 발전시켜야 하는지 이해하거나 결정하지 못하는 디자이너는 기술적 성장 후에는 더 이상 성장이 지체되어 진정한 일류로 나아갈 수 없게 되는 것이다.

12

사람은 위기나 고통의 극복이 아닌, 애정으로 성장한다

고통과 인내는 인간을 성장시킨다. 위기와 고난, 그리고 역경 앞에서 인간은 그것들을 인내하고 이겨내면서 성장한다는 말이다. 나는 이 말이 반은 맞고 반은 맞지 않는다고 생각한다. 직업을 선택하고 사회적 구조 안에서 직업인으로 존재하는 것은 사회에서 가장 중요한 사람의 역할이다. 모든 성인은 직업과 수입을 만들 능력이 있어야 한다. 우리는 살아가면서 일을 해야 하고, 안정적인 직업과 직장, 그리고 동료를 만나고 싶어 한다. 직업은 선택이 될 수 없다. 사람이 살아간다면 직업이 있어야 되고, 일을 해야 한다. 우리가 소비하는 모든 것들은 결국 대가를 지불해야 하므로 일을 하지 않고는 생존할 수 없다. 때문에 직업을 통해 어떤 일을 한다는 것은 우리에게 작은 가치가 아니다. 어쩌면 인간 생존의 본질이 될 정도로 직업의 선택과 만족도는 중요하다.

사회초년생이 되면 세상 모든 것들이 두렵다. 나는 아직도 처음 헤어살롱에 출근하던 날을 잊지 못한다. 평소에 긴장을 잘 하지 않았는데도 불구하고 너무 긴장되서 소화불량이 올 정도였다. 그렇게 출근한 살롱은 매일 희비가 교차하는 날의 반복이었다. 어느 날은 행복했고, 어느 날은 불행했고, 어느 날은 기뻤고, 어느 날은 슬펐다.

어른들은 이런 것들이 당연한 일이라고 이야기한다. 하지만 그 당시에 나에게는 당연하지 않았고, 지금도 나에게는 당연하지 않다. 나는 매일 행복하고 만족하고 싶지 단 하루라도 불행을 당연하게 받아들이고 싶지 않기 때문이다. 그렇기 때문에 성장을 위해서 고통과 인내를 견뎌야 된다는 건 잘못됐다고 생각한다. 고통과 인내, 그리고 노력도 견디고 감내해야 할 것과 그러지 말아야 할 것이 있기 때문이다. 성장을 위한 노력과 인내는 당연히 견뎌내야 된다고 생각한다. 미용인으로 살아가는 데 있어서 늘 한결같은 감정을 유지하기 위해서 노력해야 되고, 성장이 잘 되지 않아 힘든 시기가 있다면 포기하거나 멈추지 말고 끝까지 인내해야 한다. 그리고 '나는 좋은 사람이다' 라는 경험과 인식을 고객과 동료들에게 만들어주기 위해 끝없이 노력해야 한다. 하루 일과를 끝내고 몸은 고단하며 힘들지만, 남아서 연습하는 몇 시간은 분명 나에게 큰 성장이라는 보상으로 다가온다. 이러한 노력은 반드시 결실을 맺고 성과와 보상이 따른다.

하지만 그렇지 않은 노력과 인내도 있다. 부당한 대우에 대한 노력과 나 자신의 행복을 지키지 못하는 인내는 하지 말아야 된다. 미용을 통해 우리는 여러 사람들과 관계를 맺고 그 안에서 성장해 나간다. 관계를 유지하고 좋은 경험을 하기 위한 노력은 너무나도 필요하다. 하지만 우리는 모든 관계의 경험이 좋은 것만은 아니라는 걸 알고 있다. 내가 일하던 직장의 한 상사는 직원들이 맘에 들지 않으면 수시로 폭언과 불만감을 표출했다. 또한 쉬는 날과 근무일을 구분하지 않고 수시로 일을 시켰다. 그러한 분위기는 그 그룹에 일상이었고, 시간이 지나면서 사람들은 하나둘 직장을 떠나갔다. '왜 저렇게 일하지?' 나는 늘 그 사람에게 의문을 가졌다. 시간이 지나며 3년 차가 되었을 때, 그 회사에서 경력과 경험을 쌓은 실력 있고 노력하는 인재들은 그 분위기를 버티지 못하고 하나둘 직장을 떠났다. 그때마다 그 상사는 "요즘 애들은 인내심이 없다"라며 그들을 탓했다. 시간이 지나 나도 그 인내심이 없는 사람 중 하나가 되었다. 돈을 벌기 위해 굳이 행복하지 못할 공간에서 더 이상 일할 필요가 없었기 때문이다. 이건 인내나 노력의 문제가 아니라 나 자신의 행복을 지키지 않으려고 하는 노력과 마찬가지라고 생각했기 때문이다. 나는 나의 행복과 성장을 위해 그 공간과 그 사람을 떠나는 노력을 했다.

우리는 직업을 얻고 일을 배우는 것을 사람들과의 관계 속에서 터득한다. 직업인으로 성장한다는 건 일에 대한 책임과 노력도 중요하지만, 어떤 사람에게 일을 배우느냐도 중요한 부분이다. 본인의 직업과 미용인에 대한 사랑 및 애정이 있는 사람에게 일을 배우면 당연히 행복하고 기쁘다. 오늘 하루 나의 부족함도 그 사람과 함께라면 이겨낼 수 있을 거라고 믿게 된다.

우리는 좋은 사람들과 함께 일하고 싶어 한다. 우리는 일을 할 때 이 가치를 선택할 수 있다. 때문에 나를 불행하게 하고 나의 마음을 지키지 못하는 직장에서 인내하고 노력하는 건 당연히 내가 하지 말아야 하는 선택이다. 우리는 무례하고 폭력적인 사람들로부터 스스로를 지켜야 된다. 바뀐 헤어살롱의 비즈니스 판에서 나는 이러한 마음가짐이 그 무엇보다도 중요하다고 생각한다. 우리는 사람을 행복하게 만들어주기 위해 일하는 미용인이다. 그런 미용인이 나와 가장 가까운 사람들을 불행하게 한다면 그 어떤 사람도 나와 일하지 않게 된다. 그렇다면 원하는 것은 당연히 얻을 수 없다. 돈을 벌기 위해서는 사람과 관계를 애정으로 풀어가야 되는 것이다. 타인의 성과와 노력도 우리가 지켜주고 함께 노력해야 하는 부분이다. 함께 일하는 공간에서 나보다 일 잘하는 사람 때문에 내가 성장이 어렵다고 생각하거나, 후배들의 성과를 착취해서 성장하려고 한다면, 그 사람에게 일을 배우거나 함께 성장하고 싶은 사람은 없을 것이다.

직업인에게 성과와 보상은 정말 중요한 가치이다. 왜냐면 우리는 노력에 대한 대가를 꼭 돈으로만 보상받는 것이 아니기 때문이다. 무한 경쟁의 시대이다. 하지만 이 경쟁은 우리 살롱 내부의 경쟁이 아니다. 헤어살롱 안에서 구성원들의 성장, 성공에 대한 보상과 대가는 반드시 지켜져야 하고, 우리는 서로 성장하기 위해 애정과 좋은 마음으로 함께해야 한다. 나는 이 가치를 카이정헤어의 가장 큰 덕목으로 생각한다. 사람은 애정으로 성장한다. 고통으로 성장시키는 게 아니다. 따뜻한 말 한마디, 함께 도와준다는 마음, 그리고 내 구성원들과 함께 오랜 시간 좋은 관계로 성장하고 싶다는 마음이 없다면 그 어떤 성장도 일어나지 않는다. 함께하는 사람들에게 존경받고 사랑받는 애정인이 성공하는 시대다.

2부

카이정헤어의 100배
성과 내며 일하기
: Change Up & High Output

01

카이정헤어는 기술 판매가 아닌, 디자인과 프로모션을 판매한다

헤어살롱을 시작하면서 어떻게 고객에게 영업할 건지는 미용인들에게 큰 고민이다. 좋은 서비스와 퀄리티의 머리를 하기 위해 유명한 헤어살롱에 가는 니즈에, 원하는 헤어스타일을 하고 싶다는 고객들의 니즈까지 더해졌기 때문에 헤어살롱에서 고객들에게 제공해야 되는 서비스의 퀄리티와 범위도 더욱 넓어졌다. 이러한 소비 니즈에는 우선순위가 존재하는데, 그중에 좋은 헤어스타일을 만들고 싶다는 욕구는 예나 지금이나 변함없이 1순위라고 생각한다. 고객에게 좋은 헤어스타일을 명확하게 제공하는 것에 대한 고민은 미용인에게 당연한 일이며, 카이정헤어는 이러한 고민을 실제 고객의 니즈 충족이라는 답으로 바꿔내며 고속 성장하게 되었다.

카이정헤어의 해답은 명쾌하고 단순했다. 우리는 고객이 원하는 '좋은 스타일을 서비스받고 싶다'라는 니즈를 해소하기 위해 두 가지 방법을 고안했다. 우리는 확실한 두 가지 제안을 통해 명확하게 고객의 니즈를 충족시키는 방안을 모색했다.

보통 헤어살롱의 메뉴판을 보면 사실 고객에게는 선택지가 없다. 대부분의 헤어살롱 메뉴판은 디자인이 아니라 테크닉을 중심으로 가격을 표기해놨는데, 고객은 스타일을 고를 수 있는 능력은 있지만 테크닉을 고를 수 있는 능력은 없다. 따라서 사실상 이러한 메뉴판은 고객을 위한 것이 아니다.

이런 사실은 이미 수많은 고객의 피드백에서 알 수 있는데, 살롱에 예약을 하고 방문한 고객이 어떤 스타일을 선택할지 몰라서 아무거나 선택하고 왔다고 피드백했다고 가정하자. 이는 테크닉을 중심으로 설정되어 있는 메뉴판 때문에 고객이 의사결정을 정확하게 하지 못했기 때문이다. 미용업계는 지난 수십 년 동안 이런 문제를 겪었음에도 사실 바꿀 생각을 하지 않았다.

하지만 우리는 달랐다. 이 부분을 어떻게 하면 해결할 수 있을지 고민했다. 사실 메뉴판 자체를 바꾸는 것은 쉽지 않다. 몇십 년 동안 이어진 관행이 된 메뉴판을 바꾼다는 건 굉장히 큰 모험이기 때문이다. 하지만 이대로는 분명 고객이 계속 불편함을 겪어야 되기 때문에 개선은 확실히 필요했다. 그래서 선택한 전략이 디자인을 판매하는 프로모션이었다.

카이정헤어의 모든 디자이너는 메뉴판에 있는 기본메뉴를 판매하려는 전략보다는 디자인을 판매하는 프로모션 전략을 사용한다. 과거의 프로모션은 고객에게 할인을 제공하기 위한 시스템으로 사용되었는데, 우리는 프로모션의 개념을 바꿔 디자인을 합리적인 가격에 선택하고 구매할 수 있도록 전략화했다. 보통 프로모션 메뉴는 '디지털펌+매직 시술 시 30% 할인'이라는 개념이었는데, 카이정헤어는 '중단발레이어드 스타일 > 30%'라는 전략으로 고객에게 디자인을 선택하면 할인을 해주는 메리트로 프로모션을 만들어 판매 전략을 세웠다.

결과는 대성공이었다. 5~6만 원에 형성되었던 객단가는 10만 원대로 올라가게 되었으며, 고객은 내가 하고 싶은 스타일을 명확하게 선택하고 또 할인까지 받을 수 있기 때문에 프로모션 선택에 적극적으로 참여했다. 또 이러한 프로모션은 살롱의 환경을 바꾸어놓았다. 기존에 테크닉을 중심으로 메뉴를 판매했을 때는 매장에서 고객과 상당한 시간을 상담해야 된다는 단점이 존재했었다. 그런데 스타일로 프로모션을 판매한 후에는 고객이 스타일을 정해서 오기 때문에 가격 스타일에 대한 상담 시간을 획기적으로 줄일 수 있다는 장점이 있었다. 그 결과 고객의 만족은 크게 상승했고 재방률은 계속해서 증가했다.

나는 그동안 우리가 익숙하게 생각했던 불편함의 요소를 해결했기 때문에 이런 성장이 가능했다고 생각한다. 디자인 판매 전략은 완전히 새로운 패러다임은 아니었고, 우리가 기존에 계속해서 SNS를 통해 전략화했던 방향성이었지만, 실제로 메뉴에 녹여내지는 못했던 부분이었다. 세일즈의 핵심은 얼마나 고객과의 눈높이, 거리를 줄이는지에 따라 결정된다고 생각한다. 우리는 디자이너이고 미용인이지만 우리가 가진 기술과 디자인을 판매하는 세일즈맨이기도 하다. 따라서 선택할 수 있는 메뉴를 만들어 판매하는 것은 당연히 세일즈맨의 기본이다. 불편함의 요소가 있다면 반드시 최단기간으로 해결해내야 된다. 이처럼 문제 상황에 민첩하게 대응하는 살롱과 디자이너가 가장 빠른 성장을 만들어 내게 된다.

02

카이정헤어는 '시그니처'로 객단가의 기준을 바꿨다

프로모션의 판매량을 늘리고, 선택하는 고객의 만족도를 올리기 위해 우리는 계속해서 어떻게 하면 더 많이, 더 잘, 더 선명하게 가치를 판매할 수 있을까 계속 고민했다. 생각에 생각을 거듭해 좋은 아이디어들을 만들고 실제로 활용해서 평가하던 중, 시그니처 시스템의 도입을 생각하게 되었다. 헤어디자이너는 저마다 명확한 장점을 가지고 있다. 어떤 디자이너는 커트와 펌을 잘하고, 어떤 디자이너는 디자인 컬러를 잘한다. 모든 디자이너가 모든 시술을 다 잘할 수는 없고, 그렇기 때문에 시술 만족도가 갈리기도 한다. 이 부분은 어떻게 생각하면 큰 단점이 되는데, 우리는 시그니처 전략을 통해 이 부분을 장점화했다. 시그니처는 미용인들이 잘하는 부분을 확실하게 어필할 수 있도록 하는 마케팅이다. '명확하게 내가 잘하는 시술을 어필할 수 있도록 하고, 해당 부분에 전문가로서 강하게 어필하자'고 생각해 프로모션에 맞추어 시그니처를 정한 다음, 최대한 시그니처의 홍보에 집중하며 고객에게 잘하는 것을 분명하게 어필했다.

먼저 시그니처를 전략화하기 위해서는 고객의 성별을 정하는 것이 좋다. 새로운 판에서 고객은 남성 전문인지 여성 전문인지를 중요하게 생각한다. 성별을 정했으면, 다음으로 연령을 정하면 된다. 연령은 헤어디자인에 따른 차이점도 있지만, 서비스의 전략과 목표가 달라지기 때문에 반드시 설정해야 된다. 또한 그 안에서 세부적인 디자인 또한 시그니처로 나누었다.

그렇게 우리는 저마다 디자이너들에게 성별을 나눠서 전략화할 수 있도록 했고, 20~30대 직장인 고객들을 위해 모든 서비스와 잘하고 자신 있는 메뉴들을 프로모션으로 구성했다.

이런 전략은 대성공했고, 시그니처에 집중해 디자이너들이 프로모션을 개편했다. 시그니처의 전략을 사용한 뒤로 카이정헤어의 프로모션 판매량은 기존 50%대에서 80%대까지 치솟았다. 전체 100% 매출 중 프로모션 판매율이 80%를 달성하자 매장별로 모든 디자이너의 평균 매출도 오르기 시작했다. 객단가는 점점 올라갔고 당시 3개 지점 평균 객단가가 무려 11만 원에 육박하게 되었다. 고객수 100명으로 실매출 1,000만 원을 기록하는 디자이너들이 양성되기 시작한 것이다. 이후 시그니처 시스템이 도입된 지 1년 만에 디자이너의 최고 객단가는 15만 원까지 올라가게 되었고, 월 실매출 3,000만 원을 달성하는 디자이너들이 매장에 생기기 시작했다.

사실 시그니처의 전략은 처음에 우리가 잘하는 걸 어필해 프로모션을 잘 판매해 보자는 정도가 예상했던 기대범위였다. 하지만 시그니처 시스템을 도입하여 디자이너의 색깔을 나누니 고객들이 본인의 니즈에 따라 디자이너를 선택하게 되었고, 성장이 어려웠던 디자이너들도 성장하기 시작하는 부수적 효과가 발생했다. 그렇게 우리는 빠른 기간 내에 많은 고객들을 만나게 되었고, 3년 동안 7만 5,000명의 고객을 유입시키게 되었다.

시그니처에 집중하면서 우리는 몇 가지 경험을 통해 기준을 마련하게 되었는데, 그중 하나가 시그니처도 전략적으로 만들어 내는 것이 중요하다는 사실이다. 보통 디자이너들은 프로모션을 만들어 낼 때 방문주기나 유통기한은 고려하지 않고 할인율이 큰 기준으로 시그니처를 설정한다. 그렇기 때문에 실제 할인을 많이 해 주어도 다음번 방문주기가 길어져 재방문이 원활하게 이루어지지 않게 된다. 따라서 시그니처를 정하는 과정에서 방문주기를 고려해 현재 디자이너의 성장에 도움이 될 수 있는 디자인과 콘셉트를 선택해 반영하는 것이 중요하다. 또 여성과 남성을 선택할 때는 미용인의 성향 자체를 중요하게 생각해야 되는데, 감성의 표현이나 상담의 방법에서 어느 쪽 성별을 시그니처화 하는 것이 더 만족을 줄 수 있는지를 충분히 고려해서 전략화해야 한다.

이런 과정을 통해 우리는 기존에 몇십 년 동안 우리가 머물렀던 헤어 비즈니스 판에서 고객의 니즈라는 본질을 공략해 성공하게 되었다. 모든 고객은 잘하는 전문가에게 시술받고 싶어한다. 그렇다면 내가 전문가라는 걸 어필하지 않을 경우 당연히 전문성을 확보하기 어렵다. 살롱 성장의 어려움은 전문성을 갖춘 디자이너의 메이킹과 명확한 디자인이 없기 때문이다. 따라서 디자이너의 전문성과 브랜드 가치를 극대화하는 시그니처와 프로모션은 디자이너 성장에 가장 큰 동력원이 된다.

03

카이정헤어는 살롱의 매출이 아니라 디자이너의 성장을 이룬다

헤어살롱을 성장시키기 위해서는 경영의 차원에서 다양하고 폭넓은 분야까지 신경 써야 한다. 과거에는 매출 증가가 살롱 성장의 전부이고 기준이었지만, 현재는 매출 성장만이 살롱의 성장을 결정하지는 않는다. 우리가 헤어살롱이라는 공간에서 고객을 만나는 일한다는 점에는 변함이 없지만, 그 안에서 일하는 사람들의 역할이나 가치관이 변했다는 걸 반드시 인식하고 깨달아야 한다.

그렇다면 바뀐 헤어 비즈니스의 판에서 살롱의 목표와 달성 방안은 무엇일까? 이 부분에 대한 고민이 반드시 필요하다. 앞서 설명한 것과 같이, 과거 우리의 목표는 매출의 증대였다. 매출의 증대를 이루기 위해서 디자이너들은 세일즈에 필요한 기술과 객단가를 올리는 상담 방법에 집중했다. 과거에는 마케팅의 영향보다는 '머리를 잘한다. 상담이 잘된다'는 입소문을 타고 살롱에 손님이 오던 시대였다. 하지만 플랫폼의 발달로 우리가 원하는 헤어 스타일리스트와 스타일, 그리고 살롱을 쉽게 찾고 쉽게 접근할 수 있게 되면서 사람들은 정보를 얻고자 했고, 이러한 니즈를 반영해 마케팅이 발달했다. 이때부터 본격적으로 양극화가 진행되었고, 잘되는 살롱과 잘되지 않는 살롱으로 구분되기 시작했다.

　과거에는 한번 입점한 고객은 새로운 살롱으로의 이동이 쉽지 않았다. 왜냐면 너무 적은 정보로 인해 헤어살롱이 바뀔 경우 만족할 수 있을거란 확신이 없었기 때문이다. 하지만 마케팅의 발달은 이러한 고민을 해결해주었고, 따라서 마케팅을 잘하는 살롱은 늘 신규와 기존 고객이 넘치는 반면, 마케팅을 하지 않은 살롱은 손님이 없는 양극화가 시작되었다.

　현재는 어떨까? 지금은 너무 많은 미용인들이 머리를 잘하고, 너무 많은 미용인들이 마케팅을 잘한다. 선택의 기준은 모호해졌고 헤어스타일로 디자이너를 선택하기엔 잘하는 사람이 너무 많아 결정이 쉽지 않다. 그렇기 때문에 고객들은 또 하나의 기준을 찾기 시작했고, 그 답으로 인간적 매력이라는 요소를 고려하게 되었다. 감정의 영역 측면에서 고객들은 매력적인 요소를 구별할 수 있게 되었고, 마케팅에서 보여주는 한끗 차이의 감성이나 사람의 분위기, 그리고 센스 등을 매력적으로 느끼게 되면서 또 하나의 디자이너 선택 기준을 만들게 된 것이다. 모든 고객들은 헤어디자이너와 관계십을 맺길 원한다. 때문에 인간적으로 매력적인 사람은 기술의 우위보다, 마케팅의 우위보다 더 확실한 기준을 가질 수밖에 없다.

우리 모두는 매력적인 사람을 좋아한다. 그렇다면 매력이란 무엇일까? 바로 내 취향과 같은 사람, 그리고 대화가 잘 통하고 똑똑하며 예의 바른 사람이라고 나는 생각한다. 카이정헤어는 이런 것들을 깨닫고, 그동안 집착했던 마케팅과 세일즈 교육을 잠시 내려놓았으며, 인성과 인간다운 매력을 줄 수 있는 요소들에 대해 연구하고 성장했다.

결과는 엄청났다. 기술과 마케팅에 집중하던 때보다 재방률은 엄청난 속도로 높아졌고, 고객은 우리와 관계십을 맺고 싶어 했으며, 우리는 고객에게 매력적인 디자이너가 되었다. 그 뒤로 고객들은 어떠한 마케팅의 우위를 놓고도 타 살롱과 우리를 비교하지 않고, 우리를 그들에게 필요한 존재로 인식하기 시작했다. 이것이 바로 인간 성장을 통한 매력적인 사람이 되어야 되는 이유라고 나는 설명했다. 또 이러한 측면에서 가장 중요한 것은 늘 행복한 사람이 되는 것이었다. 어느 날 갑자기 찾아온 고객에게도 밝은 인상과 마음가짐으로 좋은 사람이 되어주는 것은 고객에게 큰 감동과 행복을 준다. 실제로도 이러한 증거로 우리에게는 늘 고객의 칭찬과 선물이 넘친다. 우리가 행복한 사람이 되려고 노력한 뒤로 늘 우리의 자리에는 고객님들의 감사의 선물로 가득 차게 되었다.

마케팅과 세일즈에 집착하는 미용인들이 많다. 매장을 오픈하고 살롱에 디자이너로 입사해 고객이 오지 않는다면 다들 가장 큰 문제로 마케팅을 문제 삼는다. 하지만 나는 그렇게 생각하지 않는다. 매장 성장의 승패는 얼마나 인간적으로 성숙한 디자이너들을 많이 성장시키냐에 달려 있다고 생각한다.

대한민국에 손님이 단 한 명도 오지 않는 매장은 없다. 고객에게 매력적인 사람이 되어준다면, 그 고객은 또 한 명의 고객과 친구를 우리에게 반드시 소개해준다. 그리하여 우리는 그 어렵다는 홍대상권에서 최고 살롱이 되었고, 2021~2022년 네이버 어워드에서 대형숍 부분 우수매장을 달성했으며, 전국 펌 1등 디자이너를 배출했다. 우리가 마케팅을 잘했다기보다는 우리를 믿고 찾아오는 고객들의 행복으로 또 다른 고객을 소개받아 성장한 것이다. 그렇기 때문에 고객은 카이정헤어를 좋아하고, 디자이너들은 더 많은 고개들에게 만족을 주기 위해 인품과 성품, 그리고 그들의 매력을 성장시켜 행복한 미용인이 되기 위해 노력한다.

우리는 매출을 우리의 목표라고 생각하지 않는다. 얼마나 성의

와 노력을 다하는지를 우리의 목표로 삼는다. 매출 목표를 달성하기 위해 고객을 돈으로 본다면 고객도 우리의 가치를 돈으로 본다. 이런 관계는 그렇게 오래가지 못한다.

성숙한 사람으로 성장해야 고객도 나를 벗이라 생각하며 찾아오고, 이런 고객들이 많아질수록 살롱은 더 빠르고 크게 성장한다. 카이정헤어는 코로나19 시기에 가장 힘든 시간에 직면했지만, 고객의 믿음으로 3년 만에 지점 수를 8개로 늘렸다.

04

카이정헤어의 마케팅 세일즈는 '넓게'가 아니라 '뾰족하게'

헤어살롱에 있어 마케팅은 이제 우리가 선택할 수 있는 요소가 아닌, 필수가 되어버린 것은 모든 미용인이 인식하고 있다. 과거 10년 전만 하더라도 미용인들 중에 "'인스타그램? 블로그?' 그런 거 왜 해야 돼?? 머리만 잘하고 서비스만 잘하면 되잖아?"라고 이야기하는 사람도 많았지만, 이제는 미용인들을 만나 대화를 해보면 모두가 당연하게 여긴다. '마케팅, 당연히 해야지'라는 생각으로 접근하고 있으므로 이제는 마케팅의 중요성을 굳이 설명하기보다는 '어떻게 하면 더 잘할 수 있는지'를 고민하고 있다.

세일즈도 마찬가지이다. 과거에는 객단가를 상승시키거나, 고객에게 선불권, 횟수권을 판매하는 것을 우리는 세일즈라고 이야기했지만, 세일즈의 의미도 시대의 변화에 맞추어 더 넓고 본질적인 부분으로 변화했다. 그래서 과거와는 다르게 세일즈를 잘한다는 의미가 넓은 범위로 통용되어 되어 그 범위와 기준을 어디에 두어야 되는지 고민하는 살롱들도 많다.

카이정혜어는 성장하기 위해 '헤어살롱에게 마케팅과 세일즈는 무엇일까?'라는 본질적인 고민으로부터 모든 것을 시작하게 되었다. 마케팅을 할 때 우리는 두 가지 선택의 기로에 서 있게 되었다. 매장의 홍보 전략을 결정하는 마케팅에는 상당히 다면적 요소들의 고려가 필요하다.

먼저, 우리가 왜 이 지역에 오픈했고 어떤 고객층을 타깃팅할 것이며, 가격은 어떻게 결정하고, 무엇을 판매할지 정하는 모든 기준이 마케팅이다. 그렇다면 방향성을 어떻게 가져갈지 또한 중요한 부분의 영역이다. 우리는 마케팅을 뾰족하게 하기로 결정했다. 넓은 지역에서 많은 고객이 오기보다, 바로 앞에서 우리에게 올 수 있는 고객에게 집중하자는 전략이었다. 이렇게 결정한 이유는 본질적인 질문에서부터 시작되는데, 디자이너 한 명이 결국 한 달에 최대로 받을 수 있는 고객은 300명 정도라고 판단했기 때문이다. 따라서 멀리서 고객을 찾지 않고 가장 가까운 곳에서 300명을 모으자는 결정을 내렸고, 넓게 마케팅을 하기보다 뾰족하게 하는 것으로 기준을 잡게 되었다.

하지만 생각보다 마케팅 대상을 뾰족하게 잡는 건 쉽지 않았다. 예를 들어, 넓게 마케팅을 진행하려고 한다면 노출에 많이 치중하면 된다. 노출이 많이 되기 위한 방법에는 블로그 상위노출이나 인스타그램 상위노출이 있다. 그리고 이러한 방법은 이미 너무 많은 미용인들이 알고 있는 노하우이기 때문에 우리에게도 그렇게 어려운 일은 아니었다.

하지만 뾰족하게 마케팅을 하는 법은 너무나도 생소했고, 어떻게 해야 되는지 전혀 감을 잡을 수 없었기 때문에 많은 시행착오를 거쳐 뾰족함의 본질을 찾게 되었다. 먼저 뾰족하게 마케팅하기 위해서는 지역상권을 철저하게 분석하고 파악하는 과정이 필요했다. 우리 매장 반경 2㎞ 내에 어떤 고객들이 가장 많이 살고, 소득수준은 대략 어떻게 되며, 선호하는 스타일이 무엇인지 정보를 정확하게 얻기 위해서 키워드 검색이나 트렌드 검색을 통해 많은 정보를 모았다.

그렇게 모은 정보 중에 가장 우리에게 많이 올 수 있는 고객의 수가 우리의 목표를 충족 가능한지를 분석·파악했고, 그 결과 특정층의 고객에 집중하는 것이 우리에게 가장 마케팅 효과가 높다는 결론을 내렸다. 예를 들면, 카이정헤어 서교점은 홍대상권에 포함된다. 단순하게 생각하면, 젊음의 도시 한가운데 가장 핫한 트렌드를 가진 상권이라는 뜻이다. 많은 사람들이 범박하게 홍대는 젊고 트렌디하다고 생각한다. 하지만 우리가 분석한 결과는 의외였다. 홍대상권은 크게 4가지로 분류되는데, 홍익대학교 앞 상권과 홍대역 상권, 합정역 상권, 서교동 상권으로 나뉜다. 그 안에서 우리가 모은 정보를 기준으로 데이터화를 했을 때, 뾰족하게 초점화해야 할 타깃을 우리는 합정역 오피스상권에서 일하는 20~30대 고객, 서교동 주거상권에서 사는 20~30대 직장인 고객으로 결정했고, 이들에게 초집중했다.

결과적으로 우리는 월 실매출 2억이 나오는 매장으로 성장했다. 타깃팅이 없었을 때는 5개월이 넘게 손해를 보고 있던 매장이 타깃팅 후 3개월 만에 고속 성장하게 된 것이었다.

이때 고객의 피드백을 들어보면, 우리에게 오는 모든 고객들은 하나같이 너무 젊고 트렌디한 감성 때문에 오히려 그러한 성향에 맞는 소비를 할 수 있는 헤어숍이 없었다는 피드백이 많았다. 이런 뾰족함은 마케팅을 더 날카롭고 정확하게 만들어 줬고, 우리는 꾸준히 성장을 해 1년만에 홍대 2호점을 오픈하게 되었다.

세일즈 또한 우리는 넓은 범위로 보지 않고 뾰족하게 우리가 해야 되는 것들에 대해 집중했다. 그동안 헤어살롱 비즈니스에서 세일즈란 객단가과 선불권 판매에 가장 큰 영향을 받았다고 생각하는데, 우리는 이 기준이 더 이상 고객의 니즈에 부합하지 않는다고 판단했다. 그래서 오픈 6개월만에 과감하게 세일즈에 대한 개념을 재정립하고, 우리가 해야 하는 세일즈에 대해 기준을 다시 만들어 냈다.

먼저 우리는 2가지 질문을 통해 세일즈의 본질을 찾게 되었다.

첫째, '선불권 판매가 과연 살롱과 고객에게 이로운 판매일까?'라는 질문이다. 선불권은 일정 금액 이상의 큰 금액을 고객이 결제하게 되면 할인을 해주거나 적립금을 넣어주는 형태이다. 그렇다면 할인을 받기 위해서 반드시 큰 금액의 사용이 일어난다. 하지만 금액이 커질수록 고객은 구매의 이점을 고민하게 되고, 그렇다면 당연히 소비 심리는 위축된다. 그러면 이에 대응해 살롱의 입장에서는 당연히 할인을 해 주거나 적립금을 넣어주기 때문에 순익이 떨어진다. 결론적으로, 성장이 필요한 우리에게는 본질적으로 선불권 판매가 도움이 되지 않았다.

둘째, '그럼 어떤 것이 세일즈인가?'라는 질문이었다. 이 질문의 답을 얻기 위해 다양한 세일즈에 관련된 책과 영상을 접하며 우리는 세일즈에 대한 기준을 다시 정의했다. 세일즈는 고객이 어떤 물건을 구매하거나 소비를 할 때 구매의사에 결정을 줄 수 있는 요소를 만들어주는 것을 의미한다. 그렇다면 고객이 헤어살롱을 방문할 때 소비를 하게 만드는 기준을 만들어 내면 된다.

'어떻게 하면 소비를 하게 만들까?'라는 질문은 굉장히 본질적인 해답을 우리에게 주었다. 바로 고객관리를 통해 재방문을 하게 만드는 것이 가장 큰 세일즈라는 답이었다. 그래서 우리는 철저하게 고객의 특징과 니즈, 그리고 추후 방문 가능성을 염두하고 고객을 관리했다. 모든 고객의 특징은 상담해 기록하고, 고객관리를 통해 고객의 특징과 그 고객을 케어하겠다는 의사를 고객에게 보였다. 그 결과, 재방문율은 크게 성장했고, 고객은 우리를 적극적으로 소비하게 되었다.

살롱 비즈니스의 판에서 늘 많은 미용인들이 세일즈와 마케팅의 중요성을 이야기한다. 하지만 진정한 의미의 세일즈와 마케팅, 우리에게 필요한 전략과 목표가 무엇인지는 고민하지 않고, 여전히 다른 사람들이 하던 것과 같은 방향성으로 마케팅과 세일즈를 한다.

하지만 우리는 달랐다. 카이정헤어의 성공 비결은 뾰족한 마케팅과 세일즈, 즉, 조사·분석에 기반한 과감한 선택과 집중에 있다.

05

카이정헤어는 성과, 득과 실을 고민하지 않는다

우리는 우리가 어떤 목표를 가지거나 계획을 만들 때 늘 득과 실을 계산한다. 득과 실은 경영에 있어서 가장 중요한 부분이다. 득이 크면 클수록 당연히 기업의 이익과 성장에 도움이 되고 실이 크면 클수록 성장과 이익에 도움이 되지 않는다고 생각한다. 그렇기 때문에 득이 되는 일에 집중을 하고 실이 되는 일에는 집중하지 않는다. 이런 보편성은 살롱 경영자들뿐만 아니라 디자이너와 크루들에게도 중요한 행동 기준이 된다. 디자이너들은 득이 된다고 생각하는 것들에는 잘 집중하지만, 실이 된다고 생각하는 일은 집중하지 않는다. 마찬가지로 크루들도 배워서 필요 없다고 판단되는 것들에 대해서는 집중하지 않는다. 때문에 모든 경영자들은 '이것은 우리의 매장과 성장에 도움이 되는 일이야'라고 미용인들을 설득하곤 한다.

득과 실에 대한 생각을 먼저 이야기하자면, 나는 이런 생각에 대해 정반대의 의견을 가지고 있다. 먼저 득이 되는 일을 한다는 건 모두가 보편적으로는 올바른 일을 한다고 생각하지만, 빠른 성장을 하기 위해서는 득실을 고민하는 게 아니라 빠르게 경험하는 게 가장 확실한 성장을 만드는 지름길이라고 생각한다.

한 가지 예를 들어보자면, 네이버 페이라는 시스템이 있다. 2020년 네이버는 기존의 헤어숍 예약시스템에서 엔페이라는 시스템을 도입해 온라인 플랫폼으로 고객들이 결제할 수 있는 제도를 도입했다. 이 시스템은 엔페이를 헤어살롱에서 얼마나 많이 결제했는지에 따라 건수를 취합해 해당 매장이 해당 지역에서 인기 매장으로 선정될 수 있도록 했다. 아울러 인기 디자인과 인기 디자이너 시스템을 도입해 여성, 남성, 롱, 미디엄, 숏 펌, 염색, 컬러, 커트 등의 카테고리로도 엔페이 결제 수치에 따라 상위노출이 가능한 시스템을 만들어 냈다.

처음에 이 시스템이 도입이 되었을 때, 대부분의 헤어살롱들이 '이걸 왜 해야 돼?'라는 분위기였다. 득과 실을 고민하기 시작한 것이었다. 우리가 득과 실을 만나게 되면 먼저 고민하는 것은 실이다. '우리에게 얼마나 손해가 되지?'라는 부분을 득보다 먼저 고민하게 되는 것이다.

살롱 입장에서 잃을 것은 분명했다. 바로 '수수료'였다. 엔페이로 결제하게 되면 고객은 포인트와 데스크까지 오지 않고 헤어살롱에 앉은 자리에서 편한 결제를 할 수 있지만, 살롱의 입장에서는 엔페이 결제를 통한 수수료가 발생하는 것이었다. 그래서 처음에는 대다수의 미용인들이 '굳이 수수료를 내고 이걸 할 이유가 있을까?'라고 생각했다.

살롱 입장에서 얻는 것을 생각해 보면, 기존에 플레이스라는 플랫폼에서 노출되는 순위에 따라 매장에 고객 유입률이 결정되고는 했는데, 이제는 소비자가 플레이스가 아닌, 인기 디자인, 인기 디자이너라는 기준으로 해당 디자이너와 디자인을 찾을 수 있는 가능성이 생겼다. 결론적으로, 고객을 유입시킬 수 있는 다른 가능성과 방향이 생기는 것이다. 하지만 명확하게 '득이 된다'라는 기준이 없던, 시스템 도입 초반의 시기였던 만큼, 2020년, 엔페이 초반에는 그 어떤 살롱도 엔페이에 집중하지 않았다.

그러나 카이정헤어는 달랐다. 나는 오랫동안 시간 강사로 학생들을 가르치면서 명확하게 득과 실에 대한 기준을 가지고 있었는데, "모든 득과 실은 경험해 보지 않으면 알 수 없다"는 것이었다. 우리는 엔페이와 인기 스타일이 도입되자마자 득과 실을 고민하지 않고 바로 엔페이에 집중하기 시작했다.

당시 우리는 매장 2개를 가지고 있었는데, 엔페이를 통해 얼마나 신규나 기존 고객을 유치할 수 있을 것인지 예상이나 고민은 하지 않았다. 일단 이 시스템의 득과 실을 경험하기 위해서 3개월간 집중해보자는 전략을 세웠다. 물론, 도입 직후에는 엔페이 결제가 잘 활성화되지 않았다. 결제율이 50% 미만으로 형성되어서 득과 실을 판단하기에 역부족이었다. 그래서 나는 매장 내에 모든 할인은 엔페이 결제로만 가능하게 할인 정책도 바꾸어 보았다.

그리고 드디어, 도입 두 달 만에 우리는 엔페이 결제율 80%를 달성하게 되었고, 이는 엄청난 득이 되어 우리에게 성과를 안겨주었다. 당시 홍대 상권은 인스타그램을 중심으로 한 개인 포트폴리오로 살롱을 운영하는 매장이 대다수였다. 그런데 모든 살롱이 인스타그램에 집중하는 동안 우리는 이 패러다임을 깨고 유일하게 엔페이를 빠르게 도입해 상위에 노출되게 되었다. 석 달 만에 200% 매출 성장을 이룬 것이다. 상상도 하지 못할 엄청난 이익을 창출한 셈이다.

우리는 여기서 멈추지 않고 엔페이의 특성과 개념을 정리하기 시작했다. 인기 디자인이 되는 기준과 인기 스타일에 오를 수 있는 기준, 그리고 결제 방법에 대한 노하우를 경험하게 되었다. 그렇게 1년 후, 2021년, 우리는 전국에서 대형숍 부분 염색 1등에 오르게 되었고, 펌 부분 전국 1등 디자이너를 만들게 되었다.

1년이 지난 뒤, 총 4개의 매장 중 3개의 매장이 우수매장에 선정되었고, 각 지역마다 'TOP10' 안에 드는 디자이너로 네이버 어워드에 선정되었다. 현재 카이정헤어는 전국에 8개의 매장을 가지고 있는데, 각 매장이 있는 지역마다 인기 디자인과 인기 스타일리스트를 공략해서 빠르게 성장하고 있다. 이 성공은 우리가 득과 실을 고민하는 게 아닌, 경험을 하기 위해 노력했기 때문에 가능한 일이라고 생각한다.

성공한 사람들의 이야기를 들어보면 몇 가지 공통적인 특징을 가지고 있는데, 바로 선두주자라는 것이다. 남들이 고민하고 계산할 때 빠르게 시장에 뛰어든 사람은 무조건 성공할 수밖에 없다. 왜냐면 득과 실을 모두 경험하는 과정에서 단점을 보완하고 장점을 극대화해 성장할 수 있기 때문이다. 늘 명확하지 않은 상황에는 논리적으로 득과 실을 고민하기보다는, 경험을 통해 결정하는 것이 빠르고 정확하다. 나는 이 점이 헤어디자이너들에게 반드시 필요한 부분이라고 생각한다.

우리는 도전을 너무 득과 실로 계산한다. 하지만 이러한 득과 실은 예측할 수 있는 부분은 아니라고 생각한다. 모든 경험은 득이 된다. 실이 되는 경험은 없다. '블로그를 쓰면 손님이 올까? 인스타그램을 하면 고객이 올까?'라는 생각으로 마케팅을 하는 것과 마찬가지다. 블로그를 쓰고 인스타그램을 하면 고객은 오지 않을 수도 있지만, 그렇다고 해서 실이 되는 것 또한 아니다. 어떠한 노력을 하고 경험을 얻기 위한 과정은 반드시 득이 된다.

결국 성장을 하지 못하는 미용인의 특징은 논리적으로 생각하고 행동하려고 하는 사람이다. 이런 사고의 전환을 통해 우리는 타 살롱보다 10배 빠른 성장을 이루었다.

06

카이정헤어의 성장은 지속적인 하이퀄리티 프리미엄의 노력 때문이다

'하이퀄리티 프리미엄', 미용업계에 지난 10년 동안 가장 중요하게 작용한 표현이다. 과거 10년 동안 미용인의 성장과 성공을 위해서는 기술 퀄리티, 헤어디자인에 대한 퀄리티, 그리고 서비스의 퀄리티를 업그레이드하는 것이 중요했고, 현재까지 그 흐름은 이어져 오고 있다. 10년의 노력을 통해 미용인들은 상향 평준화되었고, 이제는 머리를 못 하는, 헤어살롱 기술이 없는 헤어디자이너, 완성도가 떨어지는 디자이너를 만나기 어려울 정도로 모든 부분에서 성장을 이뤄냈다.

마찬가지로 프리미엄이라는 단어는 미용인들의 서비스 가치를 바꿔냈는데, 예컨대, 과거 자판기 커피로 제공되고 리터 음료로 제공되던 음료는 커피숍을 방불케 하는 아메리카노 머신과 퀄리티 높은 레시피로 변화되었다. 이를 통해 많은 고객들에게 프리미엄 서비스로 만족을 주는 방향으로 성장했고, 샴푸 서비스도 스파 시스템을 도입하면서 더 업그레이드된 만족의 가치로 프리미엄 시대를 맞이하게 되었다. 그에 맞추어 디자이너의 서비스 관념이나 가치 또한 호텔 서비스를 방불케 할 정도로 크게 성장해 보편적 프리미엄 시대를 만들어 냈다. 이제는 우리나라 헤어살롱은 모두 하이퀄리티와 프리미엄을 제공하고 있다.

카이정헤어도 마찬가지로 이 흐름에 따라 오픈하면서 한 단계 업그레이드된 하이퀄리티 프리미엄을 시도했고, 기술교육에 집중해 수준 높은 미용인들을 양성하고 있다. 또 프리미엄 서비스를 고안해 카이정헤어의 자랑인 스파서비스와 플레이팅 티 서비스를 제공해 많은 고객들에게 만족을 주었다. 그렇게 카이정헤어 오픈 1년 차에 들어서면서 우리는 대다수의 헤어살롱이 겪는 문제를 하나 경험하게 되었다. 바로 퀄리티 하락과 서비스 하락에 대한 이슈이다. 어느 살롱이든지 오픈 때의 마음은 간절하고 열정적이다.

그렇기 때문에 고객이 입점한 후 퇴점까지 이 간절함은 서비스와 만족, 기술적 완성도를 위한 노력으로 연결된다. 미용인으로부터 이런 경험을 한 고객은 이때의 만족으로 재방문을 하게 되고, 이 평가는 살롱을 성장시키는 데 가장 큰 도움을 주게 된다.

그런데 문제는 이 퀄리티가 대부분의 살롱들에서 오래가지 못한다는 것이다. 짧게는 6개월, 길게는 2년 정도 유지되는데, 나는 한 고객의 피드백으로 이 문제점에 대해 깨닫게 되었고, 하이퀄리티 프리미엄 서비스는 지속가능할 때에야 비로소 그 가치가 빛난다는 것을 깨닫게 되었다.

고객의 피드백은 이렇다. 처음에 방문했을 때 디자이너의 상담은 너무나도 꼼꼼했고, 샴푸 서비스는 만족스러웠으며, 티 한 잔을 내주는 플레이팅의 모양에 얼마나 많은 정성이 깃들었는지 알 수 있었단다. 하지만 1년 만에 이런 퀄리티가 많이 떨어졌다는 것이다. 불과 1년 사이에 발생한 변수라면 매장이 많이 바빠졌다는 것인데, 그렇다고 해서 이 가치들이 변질된다면 고객의 입장에서는 계속 올 이유가 없다. 좋은 경험을 지속해야 다음 번에도 오고 싶은 것이 고객의 마음이다. 따라서 이런 것들이 유지되지 않는 이유는 관리의 부재인 듯하다는 피드백이었다.

나는 이 피드백을 부정하거나 감추려 하지 않았다. 오히려 이 피드백을 통해 앞으로 우리가 노력해야 되는 과제에 대해 목표를 만들게 되었다. 그리고 향후 1년 동안 우리의 절대 목표는 이 서비스의 가치 유지라고 마음먹고 노력하게 되었다.

그렇게 나는 살롱과 디자이너들을 점검하기 시작했다. 고객의 피드백은 정확했다. 카이정헤어에서 고객들이 가장 만족감을 크게 느꼈던 스파 샴푸는 시간이 매우 짧아져 있었으며, 나오는 고객의 표정은 그다지 만족을 얻지 못한 듯했다. 또한 플레이트 위에 예쁜 식기로 만들어져서 나가던 음료는 컵과 컵받침으로 대체되기 시작했고, 디자이너들은 매너리즘에 빠져 하나둘 서비스를 간소화하며 일하고 있었다.

이 문제를 해결하기 위해 어떤 방법과 노력을 기울어야 하는지에 대해 나는 일말의 고민도 하지 않았다. 곧바로 향후 3개월간에 최우선 과제를 '고객 만족'으로 변경했다. 그리고 전체 디자이너 미팅과 전체 크루 미팅을 통해 우리가 앞으로 노력하고 관리해야 하는 방향성에 대해 회의를 연 다음, 매주 1회 모든 디자이너들에게 크루들의 샴푸 테스트를 하라고 가이드를 제공했다. 그리하여 3개월 만에 우리는 고객이 만족했던 하이퀄리티 프리미엄을 되찾게 되었다.

나는 여기서 만족하지 않고 더 확실하게 이러한 서비스가 지속가능하도록 매뉴얼을 만들어 《디자이너 가이드북》이라는 책을 펴냈다. 늘 그래왔듯 기준은 굉장히 중요하다. 많은 미용인들이 함께하는 매장일수록 당연히 디자이너의 성향이나 스타일에 따라 만족의 기준은 바뀔 수밖에 없는데, 나는 이런 문제점들을 해결하기 위해 매장에서 진행되는 모든 가이드에 대한 부분을 명확하게 정리해서 우리가 지속가능해야 하는 하이퀄리티 프리미엄에 대한 부분을 공유했다. 10년 이상 된 맛집을 가면 맛과 서비스가 늘 한결같다. 몇 대를 이어 오랫동안 영업했던 맛집의 레시피는 어느 사람이 요리를 만들고 어떤 일이 있더라도 유지되기 위해 노력한다. 그렇기 때문에 오랫동안 많은 고객들의 사랑을 받고 가게를 이어갈 수 있다.

카이정헤어는 트랜디하고 유행을 타는 곳이 아니라 오래된 맛집이 되고 싶다. 오래된 맛집이 되고 싶다면 한 가지만 명확하게 생각해보면 된다. 맛과 서비스를 지키기 위해 얼마나 지속가능한 하이퀄리티 프리미엄에 집중하는지만 평가해보면 된다. 카이정헤어는 3년 차에 접어들었지만, 여전히 지속가능한 노력을 통해 고객에게 만족을 주기 위해 노력하고 있다. 이런 기준이 우리에게 10배 성장을 만들어 줬다고 나는 확신한다.

07

카이정헤어는 쉽고 빠른 성장을 포기해 고속 성장에 도달했다

철학과 본질은 늘 우리에게 무엇을 해야 하는지에 대한 답을 주기보다는, 같은 일을 하더라도 어떤 마음가짐으로 할 것인가에 대한 가치를 알려준다. 나 또한 철학은 경험에 의한 답이라고 생각한다. 때문에 우리가 어떻게 성장해야 하고 무엇을 우선순위로 해야 되는지의 해답을 얻는 건 철학이 없이는 불가능하다.

이러한 철학에 답을 내어주는 건 본질이다. 어떠한 경험을 했을 때 이 경험을 통해서 우리는 무엇을 얻었고 어떤 방향성과 존재 이유를 찾을 것인지 스스로에게 질문해서 답을 내리는 과정이 본질이다. 본질에 대한 질문이 없다면 궁극적인 이해 또한 불가능하다.

모든 미용인은 성장하고 싶어 한다. 우리 또한 성장이라는 핵심가치로 모인 그룹이다. 카이정헤어에서 성장은 가장 최우선의 핵심가치이며, 모든 해답은 성장을 중심으로 한 본질적 질문으로부터 도출된다. 연간 1만 명의 미용인들을 강의하면서, 내가 바라본 미용인들은 모두 다 빠르게 성장하고 싶어 한다. 때문에 빠르게 성장하는 방법을 알고 싶어 하고 빠르게 성장하는 방법을 갈구한다.

그런데 빠르게 성장하는 방법과 노하우를 배운 미용인은 배운 대로, 빠르게 성장하는 방식으로 노력한다. 나는 그들이 바로 그 빠른 성장의 노하우를 배웠기 때문에 본질적 성장에 실패한다고 생각한다. 빠른 성장을 선택한 순간, 그것이 본질적으로 '어떤' 성장을 가져다주는지 고민하지 않았기 때문이다. 따라서 카이정헤어는 빠르게 성장하고 빠르게 성과를 볼 수 있는 부분을 과감하게 포기하고, 진정한 성장을 이룰 수 있는 방법을 고민했다.

그렇다면 빠르게 성장하지 않는 방법은 무엇일까? 바로 숫자가 아니라 가치에 집중하는 것이다. 현대 미용에서는 마케팅이 중요하다. 그렇기 때문에 미용인들은 빠르게 성장하기 위해 인스타그램 포스팅, 블로그 포스팅, 네이버 리뷰 등에 집중한다.

빠르게 성장하기를 원하는 이들은 숫자에 집착한다. 입사하고 1달 동안 리뷰 100개 쌓기, 블로그 100개 포스팅하기, 인스타그램 100개 게시물 올리기 등, 숫자에 목표를 두어 나아간다. 이런 목표와 숫자는 성장에 실제로 크게 기여할 수도, 그렇지 않을 수도 있다. 바로 철학과 본질의 해답이 있는지에 대한 차이 때문이다. 숫자에 집중하는 디자이너는 목표를 얼마나 빠르게 채울 수 있는지에 대해 고민한다. 그렇기 때문에 리뷰 하나를 고객에게 받더라도 질이 아니라 숫자에 집중한다. 고객에게 만족과 행복을 경험하게 해서 고객 스스로 고마움의 답으로 리뷰를 남기는 것이 아닌, 본인의 성과를 위해 고객에게 리뷰를 부탁한다. 그렇게 빠르게 쌓인 리뷰는 오히려 독이 된다. 왜냐면 왜 이런 리뷰를 남겨야되는지, 무엇에 만족해서 리뷰를 써야 되는지 고객 스스로도 이해할 수 없기 때문이다.

많은 좋은 리뷰를 받는 것이 중요하다면, 왜 이런 리뷰가 쌓여야 되는지 경험과 본질을 통해 답을 구해보면 된다. '고객이 만족을 한다, 고마움을 느낀다'는 것만큼 미용인과 고객 서로에게 좋은 경험은 없다. 이 좋은 경험은 디자이너를 성장시키고, 고객은 리뷰를 써주면서 본인이 무엇에 만족하고 감동했는지를 깨닫게된다. 많은 리뷰를 받고 싶다면 먼저 고객을 감동시키는 방법을 찾기 위해 노력해야 된다. 이런 노력에는 숫자가 없다. 블로그나 인스타그램 포스팅도 마찬가지다. 하루 한 개 게시물을 채우거나 성과를 만들기 위해 몰아서 올리는 게시물은 질이 떨어질 수밖에 없고, 이런 게시물을 본다면 고객은 오히려 디자이너의 능력을 의심하게 될 것이다.

하나하나 정성스럽게, 나의 고객이 이 블로그를 보며 나에게 꼭 와줬으면 좋겠다고 생각하며 쓴 글은 보는 고객에게도 감동을 준다. 이 노력 또한 숫자로 표현할 수 없다. 카이정헤어는 늘 가치와 만족에 집중했다. 가치와 만족에 집중한다는 건 어떻게 보면 빠르게 성장할 수 있는 방법을 포기했다는 것이다. 우리에게 이런 결정을 내리게 한 것은 결국 철학과 본질에 대한 답이었다.

'왜 빠르게 성장해야 되지?'라는 질문에 우리는 좋은 답을 내릴 수 없었다. 카이정헤어에서 함께하는 동행자들은 함께 성장하며 행복한 미용을 하고 싶어 이곳에 모였다. 그럼 "빠른 성장이 행복을 가져다줄 수 있을까?"라는 질문을 했을 때, "그렇지 않다"라는 결론을 내리게 되었다. 빠르게 고속 성장해 돈을 많이 벌고 유명한 디자이너가 되는 것, 그리고 많은 고객과 함께하며 높은 매출을 올리고 팔로워가 많아지며, 인기가 많아지는 것도 중요하다.

하지만 그보다는, '만나면 행복한 고객'을 만들고 싶었다. 한 달에 몇천 명, 몇만 명의 고객을 만나고 싶은 게 아니라, 우리는 매일 나를 위해 찾아오는 10명, 그렇게 한 달에 200명의 고객을 만들고 싶었다. 미용을 해서 유명하고 이름을 알리는 사람이 되기보다는, 행복하게 사는 사람이 되고 싶었다. 때문에 나는 매출 증대를 목표로 한 빠른 성장보다는, 진정으로 행복한 미용을 하는 '느린 성장'을 택했다.

그러나 결과는 우리가 다른 사람들보다 10배 빠르게 성장하게 만들었다. 디자이너 스스로 나란 존재에 대한 해답과 경험에 의한 본질을 깨닫고 고객을 맞이하면서, 우리는 우리의 목표를 원래 예상했던 시간보다 10배 빠르게 달성했다. 우리는 성과와 숫자가 아닌, 느리지만 결국 우리가 되고 싶은 모습이 되는 미용을 하기를 원한다.

08

카이정헤어는 디자이너 개개인이 모두 주인이다

예전에 인기드라마 tvN 〈나의 아저씨〉에 나오던 배우 이선균의 대사는 나에게 가슴 깊이 기억되고 있다. "회사는 기계가 다니는 곳입니까? 인간이 다니는 곳입니다"라는 대사였다. 이 말이 나에게 가슴 깊이 기억되고 있는 이유는 그만큼 사람에 대한 본질적답이 얼마나 중요한지를 알려주는 문장이기 때문이다.

우리는 일을 한다. 그 일에는 여러가지 룰이나 가치관, 그리고 목표가 있지만, 일을 하는 것은 사람이다. 그렇다면 성장을 위해 사람을 어떻게 키우고 움직일지는 헤어살롱에 있어서 가장 중요한 경영법이라고 생각한다. 방법과 목표는 중요하지만, 즐겁고 열정적으로 일하는 사람이 있지 못한다면 성장은 이뤄질 수 없다는게 살롱을 경영하는 경영자로서 내가 내린 답이다. 사람을 성장시키는 방법을 배우고 익히며 노력하는 것은 경영자에게는 숙명이 자 해결해야 할 숙제이다. 카이정헤어는 회사의 성장과 더불어 함께하는 동행자들을 성장시키는 것을 늘 최우선 과제로 생각해 왔다. 회사의 성장을 위해 경영을 잘하는 것도 중요하지만, 모든 사람들을 경영에 참여시켜 경영자로의 자질을 갖추어 나간다면 분명 우리는 모두가 성장하고 성공할 수 있을 거라고 믿었다.

그럼 경영자로서 미용인들을 성장시키기 위해서는 어떻게 해야 될까? 경영이란 무엇인지 느낄 수 있는 경험을 만들어줘야 하며, 지식을 쌓게 해야한다.

먼저 경영이라는 것은 우리의 목표를 이루기 위해 의식적으로 실현 방안을 세우고, 계획을 통해 이를 달성하여 조직을 성장시키는 일련의 행위를 의미한다. 나는 카이정헤어의 모든 디자이너들을 1인 기업으로 경영시키는 게 중요하다고 생각했다. 그렇다면 경영자로서의 경험을 통해 사람을 성장시키는 계기를 만들어주는 것이 중요했다. 노력하다 보니 잘되었다가 아니라, 계획을 세우고 실천하는, 경영을 통한 성장의 경험을 만들어주기 위해 노력한 것이다. 그래서 철저하게 1인 경영을 할 수 있도록 노력했다.

예를 들어, 보통 마케팅이나 세일즈의 방향성을 정하거나 프로모션을 만들 때 대다수의 헤어살롱은 디자이너 개별로 그들에게 적합한 프로모션을 하기보다는 매장 전체의 프로모션이나 이벤트를 따르게 만든다. 하지만 우리는 이런 방법을 철저하게 포기하고 1인 기업으로 나에게 필요한 프로모션을 만들게 했다. 필요한 이벤트를 디자이너 스스로 만들어 모든 디자이너가 다른 프로모션과 다른 이벤트를 할 수 있도록 도왔다. 그리고 그것들을 통한 성과를 피드백하며 실제로 이런 것들이 어떠한 도움과 성장을 이루는지 철저하게 데이터화해 피드백해줬다. 그 결과 디자이너들은 자신이 세우는 목표의 중요성을 깨닫고 계획을 얼마나 구체적으로 집중해서 실천해야 하는지를 깨닫게 되었다. 나아가서는 가격조차 자율적으로 경영할 수 있도록 했다.

성과를 이루고 목표를 달성했을 때 직급별로 차등화했던 기존의 가격 방식과 달리 디자이너들이 원하는 가격을 받을 수 있도록 지지했고, 디자이너들은 본인들의 경영성과를 파악해 가격을 결정하고 경쟁했다. 이러한 경영은 살롱 내에도 굉장히 긍정적인 영향을 미쳤다. 노력하면 성장할 수 있다는 마인드를 심어준 것이다.

우리는 포상과 성과도 부서나 회사 전체의 차원에서 진행하지 않고, 노력해 성과를 올린 1인 기업인 디자이너를 평가하고 포상했다. 교육과 미팅도 매장 전체의 이득과 목표를 보지 않고 디자이너 한 명이 온전히 성장할 수 있는 부분으로, 1대 1로 진행해 누구 하나라도 소외되지 않도록 철저하게 관리했다. 이러한 1인 경영법은 곧 디자이너들에게 엄청난 신뢰를 주게 되었다. 카이정혜어디자이너들은 매장에 속한 직원들로 본인들의 가치를 정하기보다 한 기업에 속해 있는 계열사의 대표처럼 본인들을 받아들였다. 그리고 누구보다 강한 주인의식과 성과 의식을 가지게 되었다.

누군가 내게 말했다. 미용은 배신의 업종이라고…. 미용은 실제로 엄청나게 높은 이직률을 가지고 있고, 이직의 속도나 노력의 주기도 굉장히 짧다. 하지만 우리는 그렇지 않다. 1인 경영업을 통해 디자이너에게 어떻게 하면 미용인으로 성장할 수 있는지 알려주고, 주도적으로 디자이너들이 원하는 미용의 형태를 이뤄 준 우리는 실제로 이직률도 굉장히 낮고, 근무 만족도도 높다. 디자이너 한 명 한 명을 1인 기업으로 보기 때문에 그들이 어떤 가치를 카이정혜어와 공유하며, 무엇을 원하고, 무엇을 함께하고 싶어 하는지를 들여다 본다. 우리는 전체의 입장에서 바라보지 않고 개인에게 집중해 빠른 성장과 성과를 만들었다. 나는 카이정혜어 동행자들에게 늘 오너가 아닌 투자자라고 이야기한다. 투자자로서 우리와 함께하는 1인 기업에 투자하고, 그들은 그들의 기업성과를 얻기 위해 최선을 다한다. 이런 문화로 일하는 우리는 성과를 못 낼 수가 없고, 나는 카이정혜어의 문화 중 가장 좋은 사례로서 1인 기업 문화를 늘 자랑한다.

09

카이정헤어는 역지사지로 성장한다

존중은 인간관계에 있어 가장 중요한 가치이다. 존중의 사전적 의미는 높이고 중하게 여기는 것이다. 존중이란 내가 생각하기에 상대방이 처해 있는 상황과 때를 고려하여 어떠한 행동을 하거나, 일이 벌어졌을 때 상대방의 입장을 생각해 주는 것을 의미한다. '역지사지'의 입장에서 생각해 본다는 뜻이다. 이러한 존중은 동행자들의 성장에 큰 역할을 하며, 나는 존중이 성장을 위해서 반드시 필요한 가치라고 생각한다.

우리는 때로 이해할 수 없거나 잘못됐다고 판단되는 상황에 마주하게 되는데, 그때의 대처법에 따라 한 개인은 성장하거나 몰락할 수 있다고 생각한다. 예를 들면, 직원의 실수를 경험하게 될 경우 '역지사지'가 상대의 성장에 있어서 중요한 역할을 하게 된다.

함께 일하던 크루 중 한 명이 시술 중 큰 실수를 하게 되었다. 흰 머리를 커버하기 위해 고객님이 방문했는데, 염색을 진행하고 40분 뒤 세척을 진행했다. 그런데 산화제 선택을 잘못해 염색이 되지 않은 것이다. 고객님의 모발에는 염색이 전혀 진행되지 않았고, 고객님은 당시에 시간이 넉넉하지 않아 다시 시술을 받는 것도 어려워 재방문을 하겠다는 말을 남기고 퇴점하였다.

나는 상황 해결을 위해 함께 작업했던 크루를 불러 대화를 나눴다. 염색은 1제의 명도 선정과 2제의 산화제 선정이 중요한데, 늘 하던 명도로 선정했기 때문에 나는 명도의 선정이 잘못됐다고 생각하지 않았다. 문제는 염모제의 비율이나 산화제의 양에 있을 것 같았다. 그리고 몇 가지 질문을 통해 나는 해당 시술에서 염색이 나오지 않은 이유를 찾게 됐다. 1제의 선정과 2제와의 비율은 정확했지만, 산화제의 선택이 잘못되었던 것이다. 새치를 커버하기 위해서는 6%의 산화제를 사용하는 것이 중요한데, 염모제를 믹싱한 크루가 3%의 산화제를 사용한 것이다.

당시에 나는 3%의 산화제를 사용한 크루가 너무도 이해되지 않았지만, 그렇게 산화제를 선정한 이유를 묻고 그 크루와 몇 가지 대화를 나눴다. 이때 나는 최대한 그 크루를 존중하며 문제의 재발과 해결을 막기 위해 교육을 해야 된다는 마음으로 대화를 진행했다.

먼저 나는 그 시술에 있어서 나의 문제점을 크루에게 피드백했다. 중간에 면밀하게 테스트를 해보았다면 시술의 문제점을 파악해 보완할 수 있었을 텐데, 바쁘다는 핑계로 테스트를 하지 않았던 부분에 대해 먼저 이야기했다. 그리고 그 크루에게 오늘 우리가 이 대화를 해야 하는 이유는 서로 부족한 부분을 파악하고 재발을 방지하기 위한 것이니 솔직하고 자세하게 피드백 해 달라고 웃으며 부탁했다. 그렇게 산화제 농도의 문제점을 발견한 뒤로도 나는 절대로 화내거나 짜증 내지 않고 하나하나 자세하게 왜 산화제 선택이 잘못되었는지 설명했다. 그리고 끝맺음을 하면서 이런 부분에 대해 사전에 알려주지 못한 부분에 대해 "이번 실수는 내가 만든 것이니 앞으로 잘 하겠다"라고 그 크루에게 나의 의견을 전했다. 또 앞으로 잘 부탁한다며 마무리했다.

그날의 경험은 내게도 유쾌하지는 않았지만, 경험을 통해 성장해야 된다면 필수로 거쳐야 할 과정이라고 생각했다. 단순히 그냥 찜찜한 상태로 넘어가기엔 서로에게 너무 불편했기 때문이다. 그날 밤 나는 그 크루에게 장문의 메시지를 받았다.

첫 번째는 자신의 부족함을 인정하는 글이었고, 두 번째는 이렇게 좋은 분 아래서 반드시 성장해 앞으로 좋은 디자이너가 되겠다는 다짐이었다. 실제로 그 크루는 잘 성장해 카이정헤어 내에서도 굉장히 좋은 퍼포먼스를 가지는 크루가 되었다.

이날의 경험으로 나는 역지사지의 마음을 깨닫게 되었고, 내가 이렇게 대처했던 이유에 대해 선명하게 알게 되었다. 과거 나는 크루 생활 중 마음을 다치는 일을 몇 번 경험하게 되었다. 당시에 나는 당연히 역량이 부족했고, 할 줄 아는 것이 많지 않았다. 그렇기 때문에 늘 불안감을 가지고 살롱에서 일하고 있었는데, 간혹 발생되는 문제점들 때문에 자존감은 더 내려갔고, 두려움은 더 커지게 되었다.

어느 날 나는 펌 시술 중 메인 선생님의 오더를 다르게 이해해 잘못된 방법으로 마무리하게 되었고, 고객의 시술은 정확하게 이루어지지 않았다. 이날 나는 폭언과 모욕, 그리고 앞으로 나랑 일을 못 하겠다는 피드백을 듣게 되었다. 이때의 경험은 지금도 머릿속에 선명할 정도로 나에게 트라우마가 되었다. 그리고 한참을 일에 적응하지 못해 결국 해당 살롱을 떠나게 되었다.

지금의 나는 디자이너의 위치에서 크루의 상황을 역지사지로 이해해보면 너무도 많은 나의 잘못을 알아챌 수 있다. 크루들의 입장에서는 이 숍에서 성장하고 싶고 좋은 사람들과 일하고 싶어서 업무에 임하는 것이다. 그렇다면 성장할 수 있는 방법을 알려주고, 그들을 지켜주며, 성장시켜 줄 수 있는 좋은 사람이 되어야 하는 것은 우리의 가장 중요한 역할이다.

디자이너 또한 마찬가지로 함께하면서 도움을 받거나 성장을 하고 싶을 때 가장 필수적 존재가 살롱과 오너이다. 오너와 살롱이 이런 책임을 지지 않는다면 그들의 입장에서는 같이 일할 이유가 없을 것이다. 나는 이런 역지사지의 가치를 가장 중요하게 생각한다. 프로모션 마케팅 세일즈를 포함한 모든 행동과 목표는 그것을 함께 수행하는 사람들이 '왜 이것을 원하고 함께할까?'에 대한 이해와 공감이 없다면 달성될 수 없다고 생각한다.

또한 사람의 관계에서도 "내가 좋은 사람이야"라고 말하는 것보다 그 사람에게 "이 사람은 나에게 꼭 필요한 좋은 사람이야"라는 말을 듣는 것이 더 낫다. 그러기 위해서는 '존중 = 역지사지'라는 입장에서 생각해 보는 것이 가장 좋은 결과를 만들어 줄 것이라고 판단한다. 카이정헤어의 성장 비결 중 우리가 가장 자랑하고 싶은 가치는 존중이다. 존중이 없는 살롱에서는 성장이 이루어질 수 없다.

3부

카이정 원장의 헤어숍
10배 성장 제안
: Just do it!

1장

기존의 숍을
바꾸는 방법

01

경영자가 먼저 바뀌어야
매장이 바뀐다

미용은 그 어떤 업종보다 세대와 트렌드에 대한 변화가 빠르다. 함께 일하는 디자이너들과 크루들의 인식이나 관념의 변화도 빠르게 바뀌고 있고, 세대를 대표하는 고객들의 취향이나 스타일도 콘텐츠의 영향을 받아 빠르게 달라진다. 유행은 단순히 미용의 영역뿐만 아니라 패션, 푸드, 엔터에까지 영향을 미치는데, 이 모든 변화는 소비심리에 영향을 준다. 따라서 경영을 하는 입장에서 현재 유행하고 있는 키워드가 무엇인지 파악하는 건 그 어떤 가치보다 중요한 일이다.

'변하고 싶다'라는 생각은 단순히 새로운 것들을 받아들이는 것이 아닌, 생존과 성장에 영향을 주기 때문에 경영자의 입장에서는 죽은 경영자가 되지 않기 위해서 세상의 변화에 그 누구보다 민감하고 적극적으로 시선을 두고 있어야 된다. 그러니 곧 경영자의 자질과 미래는 '날마다 변하는 세상에 맞춰 시선을 두고 변화해 가야 한다'는 것이다. 현재 경력이 많은 살롱 경영자들의 특징은 경영자로 살롱을 오픈한 것이 아니라 미용인이 경영을 하고 있다는 것이다. 과거 세무나 노무, 그리고 고객의 니즈나 디자이너의 성향이 복잡하지 않았을 때는 이러한 부분이 크게 문제되지 않았지만, 지금은 아니다. 직원 한 명을 고용하는 데 있어 노무는 필수로 알아야 되는 지식이 되었고, 매장을 운영하면서 발생하는 세금과 순익, 그리고 디자이너의 목표는 너무나 다각화되었다. 그러므로 이런 부분에 대해 철저하게 공부하고 어떤 방향성이 우리 회사에 이득이 되는가를 생각해 봐야 하는 시대이다. 그렇기 때문에 더 이상 '헤어디자이너'가 경영하는 헤어살롱이 아닌, '경영자로서의 자질을 갖춘 오너'가 경영하는 헤어살롱이 되어야 된다.

특히 5년 이상 된 매장들의 특징들을 보면, 구습에 익숙해져 살롱을 바꾸려 하지 않는다. 하지만 늘 그러했듯, 바뀌지 않으면 살아남을 수 없는 것이 장사의 세계이다. 과거의 익숙함 때문에 기존에 해왔던 것들을 고수하며 그대로 하는 것은 스스로 죽음을 기다리는 시한부 인생과 같은 경영이다. 나는 경영으로 살아남고 싶다면 변화를 맞이해야 한다고 생각한다. 헤어살롱을 경영자의 시선으로 바라봐야 한다는 것이다.

경영자의 시선에서 분석과 파악, 그리고 목표와 계획은 무엇보다 중요하다. 지금 현재 우리 살롱이 잘하고 있는 부분을 분석해 왜 잘되는지에 대한 이유를 파악해야 한다. 또한 성장이 어렵다면 왜 안 되는지에 대한 원인을 분석해 안 되는 이유를 명확히 파악해야 된다.

이 부분에 대해 예를 들어 보겠다.

헤어살롱에서 디자이너를 바라보는 기준이 미용인의 원장인지 살롱경영자인지에 따라 매출 증대와 고객수 증가의 가부가 판가름된다. 실제로 3개월간 매장에서 함께하며 성장을 위해 노력했지만, 성장이 더디고 안 되는 디자이너가 있었다. 미용인 원장은 미용은 원래 쉽지 않다며, 아무런 데이터나 근거 없이 비합리적이고 감성적인 격려만을 진행했다. 그저 밥을 사주면서 시간이 지나다 보면 잘할 수 있다고 독려를 할 뿐이었다. 반면, 살롱경영자는 3개월간 근무하며 얻은 디자이너의 포스데이터를 분석해 지금 성장이 느린 원인을 파악한 다음, 재방문률이 높은 고객의 성별과 연령을 체크해 주고, 그에 맞는 프로모션과 고객들에게 효과적으로 홍보할 수 있는 블로그를 이용하라는 가이드를 전해 성장 방안을 계획했다.

두 사람 중 누구와 함께하고 있는 사람이 성장할까?

당연히 후자이다. 살롱경영자 원장의 옆에 있는 디자이너가 목표에 더 빠르고 정확하게 도착할 것이다. 그렇기 때문에 내가 지금 살롱의 성장을 목표로 하고 있다면 경영자의 자질을 갖추고 있는지를 돌아보고, 나 스스로 먼저 자질을 갖춘 오너가 될 수 있도록 해야 한다.

실제로 살롱에 도움이 되지 않는다고 판단되는 모든 것들에 대해 경영자의 시선에서 장점은 유지하고 단점은 과감하게 개선하는 것이 경영의 핵심이다. 때문에 경영은 단순히 일회성으로 끝날 수 있는 부분이 아니다. 얼마나 지속적으로 문제와 성장에 대한 부분에 영향력을 행사할 수 있는지를 중요하게 되짚어 보며 상당히 오랜 기간 투자와 노력을 해야 한다.

'경영=성과'는 반드시 맞아떨어지는 공식은 아니다. 당연히 경영 초반에는 성과보다는 경험을 쌓을 수밖에 없고, 이러한 경험들로 인해 지혜가 쌓이면 경영자의 자질도 성장하게 된다. 이제는 더 이상 '나는 헤어디자이너이기 때문에 경영은 잘 몰라', '경영은 점장님이 맡아서 하기 때문에 나는 손님 머리만 하면 돼'라는 사고를 가지면 안 된다.

노무와 세무만 놓고 보더라도, 이제는 노무사와 세무사 기장을 통해 거의 대부분의 살롱들이 노무와 세무에 대한 부분들을 해결하고 있지만, 이런 부분에서도 경영자가 노무와 세무에 대한 이해를 하고 있다면 더 높은 성과를 만들어 낼 수 있다. 세무 하나만

놓고 보더라도 세무에 대한 지식 없이 세무처리를 하는 경영자보다, 세무에 대한 지식이 갖춰진 경영자가 운영하는 살롱을 세무사 입장에서는 더 효율적으로 세무 관리를 해줄 수 있기 때문에 살롱 운영에 필요한 기본 지식을 쌓는 것은 중요하다.

시대가 많이 바뀌었다. 과거의 변화에서 우리가 살아남았던 것은 생존을 위해 성장했기 때문이라고 생각한다. 고여있는 물은 썩는다. 살롱이 성장하고 싶다면 우리 매장에 대한 모든 경영지표들을 분석하여 현황을 파악하고 있는 '경영자의 자질을 갖춘 오너'로 변화해야 된다.

02

마케팅이나 세일즈가 아닌, 그룹의 성장으로 근본 문제를 해결하라

오픈한 지 꽤 오랜 시간이 지나거나 혹은 5년 차 이상의 시간이 지난 매장을 컨설팅하다 보면 "살롱의 목표를 달성하기 위해서는 어떻게 마케팅을 해야 될까요?"라는 질문을 많이 받게 된다. '어떤 방법으로 마케팅을 해야 손님이 올까?'라는 것인데, 이 부분에 대해 명확하게 답변하자면, 나는 그 누가 물어보더라도 오래된 살롱은 마케팅을 한다고 해서 고객이 오지 않는다고 답한다. 이미 미용인이라면 누구라도 알 수 있듯, 인스타그램, 블로그를 한다고 해서 손님이 오지 않는 것과 마찬가지다.

특히 오픈한 뒤 시간이 한참이나 지난 매장일수록 이러한 영향을 많이 받게 되는데, 이유는 소비자의 인식 때문이다. 이미 고객의 인식에 그 살롱은 가야 될 이유가 없는 곳으로 굳어져 있기 때문에 단순히 마케팅의 힘으로 고객을 유치하려고 해도 좋은 성과가 나지 않는 것이다.

그렇다면 성장을 위해 무엇을 어떻게 해야 할까?

인식의 문제를 해결해야 된다. 현재 우리 살롱이 왜 고객이 오지 않는 살롱이 되었는지를 먼저 파악하고, 그 근본 문제를 해결하지 않으면 고객은 아무리 좋은 마케팅을 하더라도 오지 않는다. 때문에 오래된 살롱일수록 근본 문제를 파악하고 해결하는 것으로 성장하도록 목표를 잡아야 된다.

그럼 근본 문제는 무엇일까? 위에서 언급한 가성비가 있는 살롱인지를 먼저 파악해 보면 된다. 어느 업종의 어느 가게든 장사가 안되는 곳을 가면 딱 한 가지 느끼는 점이 있다. 오픈한 지 얼마 안 된 매장은 입점할 때 인사부터가 다르다. 처음에는 '우리 잘되고 싶다'라는 에너지가 느껴지는데, 어느 순간부터 재방문을 해보면 인사를 잘 안 한다. 입점했을 때 밝고 좋은 표정으로 인사를 건네는 사람이 단 한 명도 없다면 근본적으로 문제가 있는 것이다. 익숙해졌을 수도, 편해졌을 수도 있겠지만, 근본적인 문제는 관리자가 직원들의 태도에 대해 관리를 안 하고 있다는 문제이다. 이런 가게는 무엇을 하든 성장할 수 없다.

태도는 장사에 있어서 가장 중요한 기술이다. 좋은 태도를 갖추고 있는 직원이 많으면 많을수록 매장은 생기를 가지게 되고, 고객은 기분이 좋아져서 나간다. 헤어살롱에 입점하는 고객들이 미용인과의 대화가 되고 있는지, 분위기는 좋은지 등의 여부는 잘 되는 살롱들에 가장 필요한 요소이고, 고객은 이런 경험을 통해 좋은 인식을 가진다.

또 이러한 인식들이 어떻게 인지되느냐는 소비자들에게 재방문 가능성과 홍보 가능성을 가져다주기 때문에 '그 살롱 어때?'라고 생각했을 때 "거기 분위기 밝고 좋아"라는 말을 듣지 못한다면 근본적인 문제가 있는 살롱이 되는 것이다.

이러한 부분을 해결하기 위해서는 단기간 CS교육을 받거나 마인드 교육을 받는 것으로는 해결되지 않는다. 근본 문제이기 때문에 최소 3개월 이상 매장의 핵심과제로 인식해야 되고, 매일, 매주, 매달 피드백하고 노력하며, 인식의 근본 문제를 해결해야 된다.

나는 머리를 잘하는 살롱이 성공한다고는 생각하지 않는다. 반면 기본적으로 고객에게 잘하는 살롱들은 근본 문제를 가지고 있지 않기 때문에 성공하기 좋은 여건이 된다고 말한다. 아무리 머리를 잘해도 근본 문제를 가지고 있으면 고객은 해당 살롱에 대한 좋은 기억을 만들 수 없다. 왜냐하면 인식은 단순히 결과로 만들어지는 게 아니라 경험에서 만들어지므로 고객을 대하는 태도가 좋은 살롱은 근본 문제가 없다고 평가하기 때문이다.

안타깝게도 대부분 성장이 어려운 잘 안되는 살롱에 가보면 이런 근본 문제가 많다. 대표적으로 태도의 문제를 이야기했지만, 그밖에도 성장 욕구 결핍과 청결에 대한 문제 등 다양한 근본 문제를 지니고 있다. 헤어디자이너는 트렌드에 민감하게 반응해야 하고, 어떤 스타일이 유행하는지 빠르게 파악하는 것이 중요하다. 왜냐하면, 과거 일생 동안 10번도 스타일을 바꾸지 않던 고객들이 이제는 1년에 10번 이상의 스타일 변화를 요구하는 시대이기 때문이다. 그렇다면 근본적으로 이런 부분을 해결하기 위해서는 끊임없이 새로운 스타일을 제안해야 한다. 하지만 오래된 살롱들이 성장의 욕구가 없다면 오픈 당시에 밀어붙이던 스타일을 5년에서 10년 넘게 지속해서 밀어붙이고 있을 것이다. 당연히 고객은 메리트를 느끼지 못한다. 그래서 근본 문제를 만들지 않으려면 디자이너들이 스타일과 트렌드의 대한 연구를 해야 한다.

청결의 문제도 마찬가지다. 오픈하고 5년 동안 단 한 번도 타월이나 시술보, 트레이 컵 등을 교체하지 않았다면 이미 사용감이 극한에 달했을 것이다. 이런 것들은 영구적으로 사용하는 물품이 아니라 소모품이다. 주기적으로 관리해주지 않으면 고객들은 불쾌감을 느낄 수밖에 없다. 우리 매장의 시술보는 청결한지, 수건은 오래되지 않았는지, 트레이는 잘 정리되어있는지, 제품의 컨디

선은 잘 지켜지고 있는지에 대한 부분이 체크되지 않으면 고객의 인식은 바뀌지 않는다. 왜냐면 오랫동안 이용해도 잘 관리되고 있는 살롱이라는 인식과, 오래되어서 낡고 지저분한 살롱이라는 인식은 근본적으로 수많은 문제에 있어 고객의 반응에 차이를 낳기 때문이다.

이런 부분에 대해 피드백을 했을 때, 실제로 이 피드백들을 근본 문제로 인식하고 해결하기 위해 노력한 살롱들은 반드시 성장한다. 왜냐하면 고객의 인식이 바뀌기 때문이다. 이런 근본 문제에 대한 노력은 오래되고 익숙한 고객들부터 느낀다. 반드시 고객들은 이러한 긍정적인 변화에 반응하며, 그에 따라 노력하는 살롱이라는 인식의 변화로 성장할 수 있다. 마케팅과 세일즈는 '가도 되는 살롱'이라는 인식이 생긴 뒤로 시작해도 늦지 않다. 살롱의 문제는 근본 문제 인식의 전환으로 해결해야 한다.

03

기복 없는 디자이너와
기본기의 보완이 성장을 만든다

장사는 기본기다. 특별함보다는 기본기의 탄탄함이 고객들에게
더 좋은 경험을 만들어주기 때문이다. 카이정헤어는 론칭 후 빠르
게 성장할 수 있는 요소들을 오히려 배제하면서, 느리지만 확실한
성장, 기본기에 주안점을 둔 성장법으로 큰 발전을 이루었다. 빠른
성장이 독이 된다고 생각했기 때문이다. 반대로 빠르고 큰 성장을
원하지만, 원하는 대로 성장할 수 없는 오래된 살롱들도 있다.

오래된 살롱은 장점이 명확하게 고착되어 있다. 하지만 디자이
너의 장점과 매장의 콘셉트가 너무나도 명확하게 구축되어 도리
어 신규고객의 성장이 어려운 살롱이 되어버리기도 한다. 빠르게
성장하고 싶지만, 시간이 지남에 따라 살롱의 콘셉트도, 디자이너
의 성향과 인식도 고착화된 오래된 살롱은 빠른 성장을 만들어 내

기 어렵다. 이런 부분은 노력해도 바꾸기도 쉽지 않으며, 살롱의 변화를 이끌어내기 또한 쉽지 않다.

그러면 어떻게 해야 오래된 살롱의 성장을 도모할 수 있을까?

세상에는 여러 성향의 고객이 있는 만큼 디자이너도, 살롱도 여러 가지 성향이 있다. 장점이 특출난 사람이 있는가 하면, 크게 단점이 없는 사람, 장단점이 명확한 사람도 있다. 나는 이런 사람들 중 미용을 하기에 가장 좋은 사람은 단점이 없는 사람과 기복이 없는 사람이라고 생각한다.

지난 20년이 넘는 시간 동안 미용업에 몸담으면서 여러 성향의 사람들과 함께했고, 높은 성과를 만드는 사람과 그렇지 못한 사람의 특징을 두루 경험하게 되었다. 그중 높은 성과를 만드는 사람은 기본기가 탄탄하고 기복이 없으며, 단점이 없는, 지극히 평범하면서도 안정적인 미용인이었다.

카이정헤어 안에서도 높은 성과를 달성하고 있는 디자이너를 보면 뜻밖에 평범한 사람들이 대부분이다. 실제로 나도 슬럼프를 극복하지 못했을 때 그 극복 방안으로 '이런 평범한 사람들이 왜 높은 성과를 만들어 내는 것일까?'라는 질문과 답을 통해 특징과 이유를 분석하고, 그들의 장점을 파악하는 과정을 거쳤다. 그리고 이를 통해 나 역시 기복 없이 꾸준한 성장을 이루는 미용인이 되었다.

이때 내가 판단한 나의 문제는 너무 강한 개성과 성향 때문에 고객이 오히려 거부감을 느끼고 오래 보기 질린다는 문제였다. 당시에 나는 제안력과 표현력이 좋아서 고객들에게 강하게 스타일을 어필하고, 내가 해주려고 하는 머리에 어떤 의미가 있는지를 표현하는 데 많이 집중했었다. 그런데 이러한 성향이 고객들에게 때로는 피로감을 주기 때문에 처음에는 임팩트가 있을지라도 장기간 보기에는 피곤할 수 있었다. 나는 평범하지만 기본기가 탄탄한 디자이너들에게 이러한 점들을 벤치마킹해, 힘을 많이 빼고 내가 부족하다고 느끼는 부분들에 대해 성장을 이루어냈다. 그리고 오히려 이제는 이런 부분이 내게 강점이 되어 고객들이 원하는 디자이너의 모습에 좀 더 다가가게 되었다.

우리는 미용을 통해 사람을 아름답게 만들어준다. 때문에 디자인의 포인트나 기술의 특출함, 그리고 매력적인 성향이라는 것들을 중요하게 생각하고 집중하게 된다. 그런데 과거에는 장점의 부각이 고객들에게 중요한 소비 기준으로 작용했다면, 이제는 특출남보다는 기본기의 탄탄함이 소비자의 기준이 되는 시대가 되었다. 따라서 이러한 변화점을 인식하고 수용해야 된다고 생각한다. 강한 매력이나 너무 강한 개성은 이제 고객에게 거부감이 들 수 있으므로 기본기가 탄탄하고 안정감 있는 살롱이 되어야 한다.

살롱을 운영하다 보면 피드백 과정이 잘 이루어지지 않을 수 있다. 따라서 현재 나의 강점과 단점을 파악하기 어려운데, 특히 오랫동안 경영해 온 살롱과 거기에 소속된 디자이너일수록 장점만큼이나 단점도 뚜렷하다. 때문에 호불호로 나뉠 수 있는 요소를 많이 가지고 있는 것이다.

하지만 분석과 파악을 통해 단점을 보완하고 안정감이 있는 성향을 갖추기 위해 노력하면 기본기는 탄탄해진다. 이러한 기본기의 성장은 고객들로 하여금 장기간 방문했을 때 피로하지 않는 디자이너와 살롱을 만들고, 손님들은 부담감 없이 만족도 높은 시술을 받을 수 있게 된다.

오래된 살롱일수록 장점을 부각하고 어느 한 가지를 어필하기보다는 단점을 보완해 기본기를 탄탄하게 만드는 것이 오랜 고객의 만족과 성장에 더 많은 기여를 할 수 있는 방법이다. 또한 새로운 것을 받아들이는 데에는 생각보다 많은 시간과 노력이 필요하다.

노력과 시간은 정해져 있는 용량이 있다. 상대적으로 적은 노력과 시간으로 성과를 볼 수 있게 하는 것이 중요하다. 의외로 대부분의 디자이너들은 기본기를 보완하는 데 오랜 시간이 걸리지 않는다. 때문에 당장 변화를 통해 성장하고자 한다면 새로운 것을 시도하는 것보다는 가장 기본적인 부분부터 변화를 주는 것이 성장에 확실한 도움이 된다.

04

객단가, 고객수의 조정은
살롱 성장의 기준이다

미용업계 일반적 매출의 공식은 '객단가×고객수'이다. 그렇기 때문에 많은 디자이너와 살롱이 적절한 객단가와 고객수를 유지하기 위해 세일즈를 하고 있고, 실제로 매장과 매출의 성장은 이 공식의 영향을 가장 많이 받는다. 때문에 많은 살롱들이 객단가와 고객수에 집중하게 된다. 그런데 이 공식이 매출 계산에 중요한 방법이긴 하지만, 모든 살롱에 일관되게 적용되는 법칙은 아니다. 특히 그중에서도 오래된 살롱일수록 우리 살롱의 성장에 필요한 부분이 '고객수×객단가'인지 확인해보는 것이 중요하다.

먼저 우리가 파악해야 되는 건 고객수와 객단가의 개념인데, 고객수는 '목표고객수'와 '월평균고객수', 그리고 '일평균고객수'로 구분된다. 목표고객수는 내가 목표로 하고 있는 고객수, 즉 앞으로 매출의 성장을 위해서 목표로 삼는 고객수이고, 월평균고객수는 현재 시점 기준 6개월 동안의 평균고객수를 의미한다. 또한 일평균고객수는 6개월 동안 일별 평균고객수이다. 이 값을 구하는 방법은 "180일÷6개월 간의 총고객수"이다. 예를 들면, 6개월 간의 총고객수가 1,300명이고, 이를 120일(주5일 근무기준)로 나누게 되면 6개월간 일평균고객수는 10.8명이 되게 된다. 그럼 월평균고객수를 계산하기 위해서는 여기에 곱하기 20일을 하면 된다. 따라서 월평균 216명의 고객을 받는다는 수치를 얻게 된다.

나는 이 수치가 가장 이상적이라고 생각한다. 하루 평균 고객수는 근무시간에 영향을 받게 되어 있는데, 오전 10시부터~저녁 8시까지 일할 경우 총 10시간을 근무하게 된다. 이때 총 8~11명의 일고객수를 가지는 것이 가장 안정적으로 고객을 만족시키며 성장 가능한 수준이다. 따라서 하루 평균 8명 이상의 일평균 고객수를 확보하는 것이 중요하다. 또한 한 달 기준으로 놓고 보았을 때 최소 200명의 고객수를 확보해야 객단가 상승으로 인한 매출의 성장이나 프로모션 판매로 인한 매출 성장률을 만들 수 있다.

오래된 살롱일수록 고객수는 다양하게 설정되 있을 수 있지만, 현재 살롱이 성장해야 하는 단계라면 최소 200명의 목표 고객수를 두는 것이 중요하다. 또한 고객수가 300명 이상이라면 추후 객단가와 고객의 만족을 위해서 객단가 인상 및 이에 따른 고객수의 조정이 필요하다.

먼저 고객수가 부족하다는 가정하에 고객수를 확보하는 방법은 어떻게 될까? 고객수는 시술 시간과 메뉴의 설정, 그리고 예약 가능 시간의 영향을 많이 받는다. 고객수를 늘리기 위해 점검해 볼 사항으로 크게 다음의 두 가지를 들 수 있다.

첫째, 고객수를 늘리기 위해서는 예약가능시간의 점검이 필요하다. 예를 들어, 현재 예약시간 단위가 30분 이상 걸린다면 그것은 고객을 확보하기에 적절한 예약가능시간이 아니다. 손님은 절대로 분산해서 오지 않는다. 고객의 소비패턴 중 하나가 주말, 휴일에 당연히 밀집될 수밖에 없기 때문에 예약가능 시간이 타이트하지 않다면 주말과 휴일에 고객수 확보를 진행하기 어렵다. 따라서 주말에 최대한 많은 고객수를 확보하기 위해 성장이 필요한 매장의 경우 예약시간의 조정이 필수이다.

둘째, 시술 속도의 개선이다. 만일 현재 시술 시간이 너무 오래 걸려 예약을 막는 상황이거나, 혹은 평소에 시술이 오래 걸리는 편이라면 같은 시술 프로세스에서 시술 시간을 최소 20~30% 정도 줄이는 것이 고객수 확보에 가장 필요한 부분이다. 시술 프로세스는 같은데 시간을 줄인다는 건 결국 프로세스의 개선을 통해서 가능하다는 말이 된다. 부연하자면, 열펌은 '연화 > 세척 > 와

인딩 > 열처리 > 중화'라는 프로세스를 거치게 되는데, 이 프로세스 안에서 개선 방향을 파악해 시술 시간을 줄여내는 것이다. 만일 와인딩 시간이 20분이 걸린다면 이것을 5분 줄이는 것만으로도 시술시간은 5~10% 개선된다. 이런 부분의 개선이 없는 살롱은 장기적으로 봤을 때도 손해지만, 특히 오래된 살롱일수록 크게 문제점을 만들어 낸다.

예약 시간과 시술 시간의 개선만으로도 살롱의 고객수는 쉽게 증가할 수 있다. 특히 안정적으로 단골이 확보되어 있는 살롱일수록 이 두 부분의 개선을 통해 더 많은 고객을 수용할 수 있다면, 그것은 것은 살롱 성장에 크게 기여하는 요소가 된다.

고객수의 조정이 되었다면, 다음으로는 객단가의 설정이 중요하다. 월평균 고객수가 200명이라고 가정했을 때, 인당 평균객단가가 5만 원이면 1,000만 원 매출이 가능하고, 10만 원이면 2,000만 원의 매출이 가능하다.

그렇다면 객단가는 어떤 부분에 영향을 받을까? 바로 실소비되는 메뉴의 가격에서 가장 큰 영향을 받는다. 흔히 객단가를 올리기 위해서는 비싼 메뉴가 있어야 된다고 생각한다. 하지만 실제로 객단가는 최소가격이나 최대가격을 기준으로 결정되는 것은 아니고, 고객이 가장 많이 소비하고 있는 가격대의 메뉴가 가장 큰 영향을 미친다.

예를 들어, 커트는 2만 원이고, 가장 비싼 복구펌은 35만 원이라고 하자. 고객은 어느 시술을 많이 할까? 복구펌보다 커트를 많이 하는 매장은 2만 원의 커트값에 맞춰서 객단가 2만 원선을 기준으로 형성될 것이고, 복구펌 고객이 커트 고객보다 많은 살롱의 경우 35만 원을 기준으로 객단가가 형성될 것이다. 그렇기 때문에 객단가를 내가 원하는 기준 정도로 만들어 내기 위해서는 우리 매장에서 판매하고 있는 핵심 메뉴가 무엇인지 파악하는 것이 중요하다. 현재 객단가 5만원 아래로 단가가 설정되어 있다면 고객에게 쉽게 제안하고 많이 판매할 수 있는 시술 메뉴를 만들어 내는 것이 객단가 상승을 만들어줄 수 있다. 이 부분이 오래된 살롱들의 가장 큰 문제점들인데, 바로 이 객단가의 함정을 놓치기 때문이다. 고객수는 많지만 매출이 많이 나오지 않는 살롱의 이유를 대부분의 오너들과 디자이너들은 모르는데, 이 문제의 정답은 결국 잘 팔리는 메뉴가 저렴하기 때문이다. 그럼 잘 팔릴 수 있는 더 높은 단가의 메뉴를 만들어 객단가를 개선해야 하는데, 이런 작업을 하지 않기 때문에 고객은 많지만, 매출은 나오지 않는 상황이 발생하는 것이다.

나는 가장 이상적인 객단가를 10만 원이라고 이야기한다. 그 이유는 살롱이 성장에 적합한 커트 고객과 재방문률이 가장 높은 시술인 펌 시술을 적절한 가격에 만들어 판매했을 때 가장 높은 효율을 만들어 낼 수 있기 때문이다. 또 10만 원에 근접한 객단가는 대한민국 어느 지역에서라도 만들 수 있는 단가이기 때문에 10만 원이라고 이야기한다.

실제로 카이정헤어의 객단가도 10만 원 이상으로 형성되는데, 그 이유는 최고 시술 가격이 비싼 것이 아니라 고객이 실제로 많이 하고 있는 시술들이 15~20만 원 선에서 배치되어있기 때문이다. 이처럼 잘 팔리는 메뉴의 가격 조절을 통해, 단가가 높은 살롱은 아니지만 평균 객단가는 높은 살롱이 될 수 있다.

살롱의 영업 기간이 늘어나면서 5년 차 이상의 살롱이 됐다면 객단가와 고객수는 무조건 성장해 있어야 된다. 이유는 매번 매출이 같게 유지된다면 결국에는 물가상승이나 임대료 상승으로 인해 실질적으로는 손해를 보고 있는 셈이기 때문이다. 살롱은 단순히 열심히 해서는 성장시킬 수 없다. 성장은 지속가능성을 전제로 한 목표이기 때문에 반드시 현재 살롱의 문제가 객단가인지 고객수인지를 파악하고 접근하는 것이 성장에 가장 확실한 방법이다.

05

할인 전쟁에서 살아남는
법을 알아야 된다

대표적으로 헤어살롱이 고객 유치를 하기 위해서 하는 이벤트는 '할인'이다. 거의 예외가 없을 정도로 대한민국의 많은 미용실들이 할인경쟁을 하고 있고, 할인을 통해 신규 및 재방고객을 유치하려고 한다. 네이버 플레이스에 ○○동 미용실이라고 검색만 해보더라도 대부분의 살롱들이 첫 방문 30% 할인, 네이버페이 30% 할인, 수능 할인 50%, 모닝 할인 30% 등 할인을 전략으로 내세워 영업하고 있다.

할인은 경영교육을 하면서 수많은 미용인들의 관심을 모으는 질문 중 하나였다. "어떻게 할인해야 되나요?"라는 질문을 나는 정말 수도 없이 들었다. 그때마다 "나는 왜 고객을 유치하려면 할인을 해야 되나요?"라는 질문을 미용인들에게 되물었다. 대부분이 질문에 대한 답변은 '옆에 살롱도 하니까 우리도 해야 된다'고 생각이 돼서, 혹은 '할인이 없으면 고객이 오지 않을까 봐'였다.

나는 그렇게 진행되는 할인이벤트는 경쟁력도 없을뿐더러 실제 고객 방문으로 이어지지도 않는다고 지적했다. 또 그렇기 때문에 할인을 통해 고객을 모으려고 하는 건 성장과 경영에 도움이 되지 않는다고 답했다. 실제로 그렇다. 우리만 할인하는 것도 아니고 모두 다 할인을 하기 때문에 문제다. 할인을 해준다면 왜 해줘야 하는지, 어떤 이익이 있어서 이런 것들을 하는지가 명확해야 하는데, '단순히 장사가 되지 않는다'라는 이유로 할인을 하기 때문에 성과가 없는 것이다. 우리는 이벤트를 만들기에 앞서 할인의 목적과 위험성을 인식해야 된다.

할인은 일반적으로 가격을 낮춰주는 것을 의미한다. 그렇기 때문에 살롱에서 가장 많이 쓰는 방법은 신규 모집을 위한 첫방문 할인, 기존 고객을 위한 염색·펌 할인, 지인소개 할인, 그리고 선불권 할인 등이 있다. 이런 할인은 무분별하게 아무 의미 없이 하기보다는 당연히 목적에 맞춰서 고객이 메리트를 느낄 수 있도록 하는 게 중요하다.

먼저 첫방문 할인의 경우 신규 고객을 유치하기 위해 하는 할인이다. 그렇기 때문에 정말 이 매장에 한 번도 방문해보지 않은 신규를 위한 할인이다. 그럼 이런 할인에 가장 이익을 많이 보는 고객은 한 번도 와보지 않은 고객이다. 살롱 입장에서 이런 고객을 유치해야 된다면 당연히 오픈한 지 얼마 안 되는 신규 살롱이어야 된다. 오픈 시기가 오래된 살롱의 경우 한 번이라도 방문했었다면 당연히 첫방문 할인은 의미가 없어지기 때문이다.

펌·염색 할인의 경우는 일반적으로 모닝 할인이나 시술 할인과 연동이 많이 되는데, 펌이나 염색을 할 경우 할인을 해주는 것이다. 고객의 입장에서 보면 매력적인 제안이 있는 할인처럼 생각될지 모르겠다. 하지만, 보통 이렇게 할인을 원하는 고객은 높은 단가의 펌을 하고 싶은 고객보다는 낮은 단가로 펌을 하고 싶은 고객이 많다. 미용인들은 높은 단가를 할인해 적당한 단가를 받고 싶지만, 고객의 입장에서는 할인을 통해 낮은 금액으로 시술 받기를 원한다. 그렇다면 실제로는 살롱의 경영에는 그렇게 크게 도움이 되지 않는다. 때문에 시술 할인은 포괄적으로 진행하는 것보다는 특정 콘텐츠를 가지고 접근해야 한다. 예를 들면, 8월만 '밀키브라운염색 30% 할인'처럼 특정시술 시 할인을 해준다는 개념으로 가야 전체 할인으로 인한 객단가 붕괴를 막을 수 있다.

소개 할인의 경우 기존 고객이 지인을 소개했을 때 받을 수 있는 할인이다. 보통 신규 살롱의 영업전략으로 많이 사용되고 있는데, 기존 고객 기반이 약한 신규 살롱이 이런 이벤트를 통해 고객을 소개받기란 상당히 오랜 시간과 지출이 필요해질 수밖에 없다.

이 경우 오히려 신규 살롱보다는 오래되고 기존 고객이 탄탄하게 확보된 살롱들이 더 유리하다.

이때 고려해야 되는 문제는 상권의 영향을 많이 받는다는 점이다. 커뮤니티가 잘 활성화되어 있고, 특별히 외지로 나가지 않아도 되는 항아리 상권 같은 경우는 큰 임팩트를 줄 수 있겠지만, 강남이나 홍대처럼 유동성이 높은 곳에서는 큰 효과를 보기 어려운 것이 소개 및 지인 할인이다.

선불권과 횟수권도 마찬가지다. 일정금액을 사용하면 그에 따른 할인을 제공하는 것인데, 상업상권으로 갈수록 선불권은 고객의 구매매력이 떨어진다. 따라서 안정적으로 고객을 확보하기 위한 이 이벤트의 본질이 흐려진다. 반면 단골고객 위주의 오래된 살롱이라면 효과를 볼 수도 있다. 하지만 역시 순익율이 떨어진다는 문제가 있다. 때문에 장기적으로 보면 너무 많은 선불권을 판매하는 건 살롱에 경영에 문제가 될 수 있다.

이처럼 할인 프로그램마다 각각의 목적과 장단점을 명확하게 가지고 있다. 그렇기 때문에 살롱을 성장시키고 운영할 때는 지금 내가 어떤 상황인지를 판단해 전략적으로 고객이 늘 수 있도록 우리 살롱에 맞춘 경영전략을 세워야 된다. 하지만 위에서도 언급했던 것처럼, 대부분의 헤어살롱들이 아무 목적 없이 할인경쟁으로 고객을 유치하려고 한다. 오픈한 뒤 제법 시간이 흐른 기존 살롱의 경우 여러가지 상황을 고려해야 된다. 신규 고객을 유치하기 위해 첫방문 할인을 펼치면 기존 고객의 반발이 생길 수도 있고, 이벤트의 효과가 떨어질 수도 있다. 신규를 유치하더라도 기존 고객에게 손해를 준다는 느낌이 들지 않도록 프로모션이나 범위가 정해져 있는 시술 이벤트를 통해 기존 고객과 신규 유입되는 고객에게 둘 다 혜택을 제공해야 된다. 또 선불권을 많이 판매하고 있는 살롱의 입장에서는 반드시 커트 위주가 아닌, 펌과 염색, 클리닉 등 결제될 수 있는 금액의 비중이 큰 메뉴로 설정되어야 한다.

살롱 성장에 있어서 신규고객은 늘 중요하지만 기존 살롱의 입장에서 보면 기존 고객의 유지가 신규고객보다 중요한 경영포인트이다. 기존 살롱이 신규 살롱들과는 다른 전략의 이벤트를 통해 고객을 유치하려고 했을 때는 일방적 손해를 입는 이벤트가 아닌, 살롱도 득이 될 수 있는 이벤트를 고려해야 된다.

06

가격을 높일 수 있는 부분에
집중하고 체질 개선을 해야 한다

오픈하고 3년 차가 되면서 매년 초마다 걱정되는 부분은 당연히 가격 인상에 대한 부분이다. 공공요금, 특히 가스비와 전기료는 해마다 엄청난 수치로 인상되고 있고, 이 인상률과 더불어 관리비와 임대료로 해마다 오르고 있다. 3년 전 오픈했을 때만 해도 '전기요금+수도요금+가스요금'이 80만 원 정도 나왔었는데, 현재는 140만 원 정도 나오니 두 배 가까이 인상됐다고 한다면 그만큼 순익이 줄어버렸다고 생각하면 된다. 마찬가지로 임대매장의 경우 2년마다 한 번씩 5% 정도의 임대료 인상을 겪게 될 것이고, 최근에는 원자재 인상으로 인한 시술약제의 인상도 있었기 때문에 사실상 같은 매출이라고 한다면 순익이 줄어버리는 상황이 되어버린 것이다.

실제로 이런 문제는 5년 차 이상의 살롱에 더 심각하게 작용한다. 일반적으로 미용인들은 가격 인상에 대해 부담스러운 입장을 가지고 있다. 하지만 5년 차에 들어선 살롱임에도 불구하고 해마다 약 10% 정도의 인상이 꾸준히 이루어져 있지 않다면 확정 적자의 상태에 이르렀다고 생각해 볼 수 있다.

미용은 서비스와 디자인적 부분에서 접근하는 게 맞지만, 살롱 비즈니스는 경영의 관점에서 바라봐야 한다. 해마다 기업들은 제품값을 인상하고 원가절감을 통해 지출되는 비용을 줄이기 위해 엄청난 비용과 시간, 노력을 투자한다. 이런 것들이 필요한 이유는 당연히 판매를 하면 이익이 남아야 되기 때문이다.

헤어살롱 경영도 마찬가지이다. 모든 고객들은 당연히 가격 인상에 대해 긍정적이지 않겠지만, 생존을 위해 가격은 해마다 반드시 인상되어야 하는 부분이다. 지금의 물가 상승률로 보았을 때, 사실 10%도 적정한 수준은 아니다. 전년도와 같은 수익을 내기 위해서는 최소 10%의 인상이 되어야 하며, 성장하기 위해서는 15~20% 정도 되는 인상률이 반영되어야 실제로 경영에 탄력을 줄 수 있다. 이러한 인상은 반드시 체질 개선과 함께 병행되어야 한다. 낭비되고 있는 부분의 원가를 최대한 절감해야 실질적인 관리가 될 수 있다. 시술비의 인상으로 판매가격은 올렸으나, 그만큼 지출이 늘어나게 되면 당연히 순익이 나지 않기 때문이다.

그렇다면 가격 인상은 어떠한 과정을 통해 이뤄질 수 있을까? 바로 사전 노력에 의해 기준을 마련하는 것이 중요하다. 가격은 소비자의 만족과 밀접한 연관이 있다. 가격이 높다고 해서 만족이 높은 것은 절대적이 아니니 소비자의 만족은 가성비의 영역이라고 생각하면 된다. 기본적으로 가격 인상을 계획하고 있다면 인상하려는 달 직전에 목표를 잡아 가격을 인상하는 것이 아닌, 최소 6개월 이상의 과정과 노력이 필요하다. 먼저 품질의 향상을 통해 소비자의 만족을 올리는 과정이 선행되어야 한다. 매장의 가성비를 담당하는 전체 서비스를 관리하고 기존 서비스보다 한 단계 높은 서비스를 제공해야 된다. 이렇게 제공한 서비스를 통해 고객의 만족도가 증가하면 비로소 가격을 올릴 수 있는 상황이 마련된 것이다.

아무런 대책이 없이 가격만 인상하면 당연히 고객은 떠날 수밖에 없다. 그렇기 때문에 철저하게, 계획적으로, 가격을 올릴 수 있는 수단에 집중해야 한다. 구체적으로 설명하자면, 샴푸서비스는 가성비를 올리는 데 가장 중요한 역할을 한다. 그렇다면 가격을 올리기 위해서 샴푸서비스를 더 좋은 퀄리티로 향상시킨다고 했을 때, 먼저 제품이나 기계로 접근하면 당연히 체질 개선이 이루어지지 않는다. '더 좋은 제품과 더 좋은 기계를 들여와 서비스에 만족을 주자'라고 생각한다면 가격을 올린다고 해도 지출된 비용이 크기 때문에 의미가 없어진다.

그럼 고정되어 있는 비용에서 서비스를 업그레이드 하기 위해서는 어떻게 해야 할까? 지속적인 교육을 통해 샴푸를 하는 직원의 역량을 성장시키면 같은 인건비와 비용 안에서 더 높은 만족을 줄 수 있다. 이런 것이 체질 개선과 가격 인상의 대표적인 예이다.

마찬가지로 디자이너의 경우도 고객에게 더 나은 기술서비스를 제공하기 위해 도구를 구입하거나 기계를 구매하는 건 투자비 상승으로 인해 그만큼의 효율을 만들어 내기 어렵다. 이때도 마찬가지로 가장 중요한 건 디자이너의 기술성장을 비용이 투자되는 도구가 아닌, 의식 개선을 통해 이룩할 때, 살롱의 체질도 바뀌고 효율적인 가격 인상도 가능하다는 점이다.

수년간 같은 서비스와 기술을 제공하고 있다면 당연히 체질 개선이 이루어지지 않았기 때문에 효율은 떨어지고 가격을 올릴 수 있는 명분은 줄어들게 된다. 가격을 올릴 수 있는 수단에 집중한다는 것은 단순히 가격 인상을 위해서 무언가 서비스를 만들거나 구매하는 것이 아니다. 그것은 현재 운영하고 있는 살롱의 모든 부분들에서 의식적 성장과 교육을 통해 체질을 개선한 후, 최대한 고객에게 만족스러운 서비스를 제공해 비용 이상의 만족도를 주는 것이 목표라야 한다. 이렇게 관리된 살롱은 해마다 가격 인상에 대해 두려움이 없다. 고객 또한 인상된 만큼 높은 만족도를 기대하기 때문에 이런 부분에 대해 부정적이지 않다.

살롱의 성장은 가격의 인상이 가능하냐 불가능하냐로 판단되기도 하기 때문에 기존 살롱의 경우 가격 인상에 대한 부분을 매년 중요 과제로 생각하고 경영해야 한다.

07

리뉴얼을 통해 남길 것과
버릴 것을 선택해야 한다

살롱 경영을 하면서 시간이 지남에 따라 확실하게 느껴지는 것들
이 있다. 바로 우리 살롱의 특색이다. 처음에는 잘 모르는 부분이
지만, 시간이 지남에 따라 우리가 무엇을 잘하고 무엇을 인정받는
지를 조금씩 선명하게 깨닫게 된다. 때문에 일정 기간이 지나면
매년 리뉴얼을 통해 버릴 것과 남길 것을 결정하는 게 당연한 일
이라고 생각한다. 잘하는 부분에 집중하고, 더 명확하게 포인트를
주기 위함도 있지만, 단점을 보완하거나 필요하지 않은 메뉴를 정
리하는 것이 경영에 있어서는 중요한 과제가 되기 때문이다.

대표적으로 리뉴얼 오픈을 통해 콘셉트를 명확하게 하는 업계
는 명품 브랜드들이다. 내가 정말 좋아하는 P사의 경우 해마다 적
절한 리뉴얼을 통해 현재 가지고 있는 라인을 없애거나 기존 라인

과 통합, 그리고 변경을 통해 소비자가 좀 더 명확하게 소비할 수 있도록 돕는다. 세계 1위 전자기업인 애플도 가장 유명한 라인업인 아이폰 시리즈를 리뉴얼하면서 라인을 정리하고 통폐합·변경하며 소비자들에게 명확하게 그들이 보여주고 싶은 것을 보여준다. 선택과 집중에 따라 성과를 보는 것도 당연하지만, 오히려 소비되지 않는 메뉴 때문에 소비자들은 필요하지 않은 고민을 하기 때문이다.

헤어살롱의 경영에서도 리뉴얼은 필수로 존재해야 되는 부분이다. 리뉴얼은 두 가지 관점에서 필요한데, 첫째는 고객들에게 새로운 느낌의 감성을 전달하기 위해서이고, 둘째는 판매하는 사람이 효율적으로 일하기 위해서이다.

첫째, 고객들에게 새로운 느낌의 감성을 전달하는 리뉴얼은 공간의 활용과 메뉴의 리뉴얼 부분을 이야기한다. 일반적으로 살롱 안에서 제공되는 서비스의 변화를 주는 것인데, 카이정헤어의 경우 고객들이 가장 만족하는것은 샴푸 서비스와 음료 서비스이다. 이 두 가지 부분을 가장 고객이 만족하고 있기 때문에 당연히 이 두 가지는 리뉴얼에 있어 가장 중요하게 생각해야 하는 포인트이다.

사람은 아무리 좋은 제품이나 서비스도 똑같은 패턴, 똑같은 성향으로 계속 나오다 보면 좋다는 느낌을 받기 어렵다. 때문에 우리는 주기적으로 샴푸 서비스에 변화를 준다. 작게는 4계절을 중심으로 변화를 주는데, 봄에는 산뜻함을 강조하는 힐링스파, 여름에는 시원함을 강조하는 쿨스파, 가을과 겨울에는 따뜻함을 강조하는 웜케어를 한다. 그렇기 때문에 고객들은 시즌별로 다른 느낌의 스파를 받으면서 지속적인 만족을 얻을 수밖에 없다. 이렇게 1년을 보내고 나면 이듬해에는 제품라인의 변경과 메뉴를 통해 기존에 만족하고 있던 스파 서비스에 변화를 준다. 리뉴얼을 통해 지속적으로 업데이트의 느낌을 주기 위함이다. 큰 메뉴의 구성을 바꾸지 않아도 샴푸의 순서나 제품의 변경만으로도 고객은 충분히 리뉴얼의 느낌을 받을 수 있다. 이러한 리뉴얼은 고객에게 있어서 지루하지 않은 느낌을 주는 가장 큰 이유가 된다. 오랜 전통을 가지고 있는 노포같은 밥집도 좋지만, 그 전통 안에서 지속적인 리뉴얼을 통해 식기 등에 변화를 준다면 고객은 더 만족할 수밖에 없다. 그래서 리뉴얼이 중요한 것이다.

둘째, 리뉴얼의 또 다른 목적에는 판매하는 사람들을 위한 것도 있다. 1년 정도 살롱 영업을 하다 보면 고객이 선호하는 메뉴는 정해지게 된다. 그렇다면 이러한 선호도에 따라 불필요한 메뉴를 삭제하거나 통합해 선호하는 메뉴에 집중할 수 있도록 리뉴얼하는 것이 좋다. 우리는 3년 차에 들어서며 대대적으로 오픈 당시 우리가 만들어 낸 시스템을 리뉴얼했다. 메뉴를 통합거나 삭제해 고객의 선택을 명확하게 하고, 살롱워크의 효율성을 높였다. 이런 선택을 한 이유는 '선택과 집중'이 늘 중요한 결과를 만들어주기 때문이다.

예컨대, 남자 머리를 전문으로 하는 A 디자이너가 30분 단위로 예약을 받고 있는데, 여성 컷 고객님이 입점했다. 해당 디자이너는 평소에 여성 고객의 머리에 남자 머리만큼 숙련되어 있지 않았기 때문에 총 커트 시간이 45분이 걸리게 되었다. 그리고 15분 딜레이 된 예약은 하루 예약을 마감하기 전까지 5명 고객의 딜레이로 연쇄적 영향을 미치게 되었다. 그렇다면 여성 커트 고객을 받은 것은 어떤 이득이 있었을까? 남성 전문이기 때문에 남성 고객을 받았다면 지속가능한 고객이 되었을 확률이 높았겠지만, 그 고객은 다른 선생님이 예약이 되지 않아 예약한 고객이었기 때문에 고정고객이 될 확률은 적었다. 그렇다면 여성 컷트를 유지하는 게 A 디자이너에게 어떤 실익이 있을까를 따져볼 때, 이익이 될 게 없다. 때문에 새해가 되면서 대대적인 리뉴얼을 진행할 시기에 A 디자이너는 여성 컷트 메뉴를 삭제하게 되었고, 이에 따라 고객 만족이 높아지면서 매출도 크게 늘게 되었다.

메뉴 리뉴얼의 효과는 또 있다. 우리는 두피케어와 모발케어의 두 가지 케어프로그램을 운용 중인데, 원래는 '두피+모발 케어프로그램'이었다. 고객은 케어프로그램을 선택하면 모발과 두피케어를 동시에 받을 수 있었다. 나는 당연하게도 모든 고객이 같은 비용이라면 두 가지 다 받고 싶어 한다고 생각했다. 하지만 실제로 고객은 두피케어를 더 많이 선호하였고, 더 집중해서 두피케어를 받고 싶어했다. 고객들은 지속적으로 우리에게 두피케어 전문 메뉴를 물었지만, 우리는 메뉴가 없었기 때문에 두피만 진행하는 케어는 없다고 안내했고, 케어 매출은 점점 줄기 시작했다. 이에 따라 리뉴얼의 필요성을 느낀 뒤 가장 먼저 재구성했던 메뉴가 케어 서비스였다. 고객의 피드백을 중심으로 기존 메뉴에서 두피케어와 모발케어를 각각 만들어 냈고, 두피케어의 선호도에 따라 원래 8만 원이었던 토탈케어의 가격이 두피만 집중하게 되면서 기준시술 대비 시술시간도 30% 이상 줄게 되어 5만 원의 합리적인 가격으로 인하되었다. 그 결과 케어 매출은 8%에서 14%까지 올라갔다. 기존보다 줄어들고 간소화된 시술과정과 시간으로 인해 직원들은 더 효율적으로 케어를 진행할 수 있었고, 이런 리뉴얼을 통해 애매했던 메뉴가 효자 메뉴가 되어버린 것이다.

처음 오픈하는 살롱들의 경우 고객의 취향이나 성향, 그리고 선호도를 알기 쉽지 않다. 때문에 살롱 오픈 후 최소 6개월, 최대 1년 내에 지속적인 피드백을 통해 리뉴얼을 진행하지 않으면 고객은 불편함을 감수하거나 만족도를 높이지 못하게 될 수밖에 없다. 위에 있는 메뉴에 대한 리뉴얼도 마찬가지지만, 자리나 의자에 대한 불편함, 제품에 대한 불편함, 또 음료에 대한 불편함도 우리가 리뉴얼을 통해 개선해야 되는 부분이다.

경영에는 지속적인 업데이트가 필수이다. 이 업데이트가 반영되는 것이 리뉴얼이다. 지속적인 리뉴얼을 통해 고객의 피드백을 수용하고 성장한다면 좋은 성과를 이룰 수 있다.

08

유입률로 경쟁의 우위는 정해진다
: 유입 키워드로 성장하는 신살롱

과거의 헤어 비즈니스는 살롱과 살롱이 경쟁했다. 이 경쟁에서는 얼마나 합리적인 가격 경쟁력과 손님이 편하게 올 수 있는 접근성을 지닌 입지를 가졌느냐가 중요했었다. 과거 10년 전만 하더라도 역 앞이나 중심가 위주로 미용실들이 빼곡하게 자리 잡고 있었다. 때문에 살롱들의 경쟁 우위에는 입지와 가격 제안, 이 두 가지가 당연할 수밖에 없었다.

하지만 지금은 다르다. 과거와 달리 미용실의 밀집도가 대폭 줄어들었다. 물론 대한민국에는 여전히 편의점의 개수만큼 헤어 살롱이 있지만, 과거만큼 중심가나 역 앞에 밀집되어 있지는 않다. 또 전체적으로 넓게 분포되어서 밀집도도 과거만큼은 타이트하지 않다. 나는 살롱들의 입장에서 보면 과거에 비해 오히려 영업하기 좋아졌다는 이야기를 하고 있다. 과거의 엄청난 밀집 환경에서는 할인 경쟁과 입지 경쟁에서 우위를 점해야만 살아남았지만, 이제는 입지나 가격이 아니라 무엇으로 유입될 수 있는 살롱인지에 따라서 접근성을 확보한 입지에 집착하거나 가격할인을 하지 않아도 충분히 입점시킬 수 있기 때문이다. 때문에 더 이상 살롱들은 입지나 가격에 의한 경쟁 우위나 살롱 간의 경쟁보다는, 유입률을 분석해 우리 매장에 유입되는 고객의 키워드에 집중하는 것이 중요하다.

그럼 유입률 경쟁을 하기 위해서는 어떻게 유입 키워드를 파악해야 할까? 답은 간단하고 이미 명확하다. 네이버 스마트플레이스에 통계 부분을 체크하면 리포트로 현재 우리 매장에 일별, 주별 유입률이나 유입되는 키워드, 고객층, 어떤 플랫폼을 통해 유입됐는지를 알 수 있다. 이런 통계는 네이버 예약을 받고 일정 시간이 지나면 지표가 굉장히 정확해지는데, 이 유입률에 대한 부분을 키워드로 분석해 성장 목표를 정하면 높은 성과를 얻을 수 있다.

먼저 반드시 체크해야 되는 부분은 유입 키워드와 유입 플랫폼이다. 유입 키워드는 실제로 고객이 우리 매장을 검색해서 유입되었을 때 어떤 검색어를 써서 들어왔는지를 알 수 있는 부분이고, 유입 플랫폼 분석을 통해서는 어떤 플랫폼에서 검색하여 우리 매장에 들어오게 되었는지를 알 수 있다.

이 두 가지 모두 살롱의 성장에 큰 도움을 줄 수 있다. 우선 가장 높은 키워드를 파악하는 건 고객이 어떤 키워드를 검색하고 들어오는지도 파악할 수 있는 중요한 부분이지만, 내가 사용해야 하는 키워드의 기준이 되기도 한다. 실제로 내가 컨설팅한 살롱의 예를 들어보면, ○○역 앞에 매장을 오픈해서 영업하는 원장님이 있었다. 원장님은 당연히 ○○역 앞에 매장이 자리를 잡고 있기 때문에 아무 의심 없이 블로그나 인스타그램을 작성할 때 태그를 '○○역 미용실'이란 키워드로 사용했다. 하지만 살롱컨설팅을 시작하고 내가 먼저 파악해서 전달해 준 살롱에 가장 유입이 많이 된 키워드는 '○○역 미용실'이 아니라 '○○동 미용실'이었다. 이유는 단순했다. ○○역은 생각보다 상업상권이 발달하지 않았고, 실제로 소비할 만한 매장들도 많이 없었기 때문에 사람들은 오랜 시간 동안 상권이 발달되어 있는 '○○동'을 더 많이 검색한 것이었다.

이런 부분은 고객들에게 질문을 통해서도 알 수 있다. 최근 방문한 고객이 네이버에서 '○○동 미용실'을 검색해서 왔다고 답해 '○○동'을 검색해 보니 네이버 상위에 노출되고 있었다. 하지만 '○○동'이 아닌 다른 지역으로 마케팅하던 원장님은 이 사실을 전혀 몰랐고, 해당 키워드에 집중하지 않고 있었다.

컨설팅을 진행하던 원장님께 앞으로는 '○○역 미용실'이라고 사용하지 말고 '○○동 미용실'로 블로그와 인스타그램 태그를 사용하도록 권유했고, 신기하게도 고객의 유입률이 늘어났다.

이런 사례는 너무나 많다. ○○헤어살롱 원장님은 대학가 상권에서 살롱을 운영 중이었는데, 당연히 카카오헤어가 많이 활성화될 거라고 생각해 네이버플레이스를 운영하지 않았다. 그런데 살롱은 무난히 성장했지만, 어느 정도의 목표 달성 후 더 이상 성장하지 않아 대학생들이 좋아할 거라고 생각하는 유튜브를 시작했다. 그러나 결과는 큰 피드백이 없어 1년 만에 채널을 접고 카카오헤어에만 집중했다.

컨설팅을 진행하면서 나는 원장님께 네이버플레이스를 먼저 개설해야 된다고 이야기했다. 네이버광고 키워드도구를 이용해 보면 네이버 예약을 위해 미용실을 검색해 보는 사람들의 숫자를 대략 알 수 있는데, 이 고객들을 놓치기에는 숫자가 너무 많았기 때문이다. 한 달에 2만 명 정도 되는 사람이 네이버로 미용실을 검색하는 지역이기 때문에 대학가라고 해서 네이버를 포기할 까닭이 없었다. 그 후 네이버 오픈 1년 동안 큰 성과가 없었다. 키워드 유입이 되지 않는 살롱을 네이버를 통해 들어올 리 없었기 때문이다. 하지만 꾸준히 네이버플레이스에 들어오는 고객들이 있었고 유입 키워드와 유입 플랫폼에 집중하면서 플레이스를 키워내 1년 만에 해당 지역에서 상위페이지에 들어가고, 성과를 내기 시작했다. 집중한 매장의 노력도 대단했지만, 정확한 유입 키워드 파악이 중요하다는 걸 또 한 번 느낀 부분이었다.

오래된 살롱일수록 예전의 영업방식을 따라가는 경우가 많다. 그렇기 때문에 살롱 간의 경쟁의식도 가지고 있지만, 가격이나 할인을 통해 경쟁하려고 하는 점이 오래된 살롱일수록 더 강하다. 나는 이런 점을 빨리 개선하지 않는다면 앞으로 살롱 성장에서 우위를 점하기 어렵다고 생각한다. 앞으로의 살롱 경쟁은 철저하게 우리 살롱의 메리트로 승부하는 것이 중요하다.

이제는 정확한 유입의 분석이 중요해지는 시대이다. 이에 대한 중요성은 대형 유튜버들조차도 단순히 콘텐츠로 승부하기보다는 현재 가장 많이 유입되고 있는 유입 키워드를 찾아야 된다며 이구동성으로 이야기는 부분이다. 마케팅과 홍보가 중요해지는 만큼, 정확하고 빠르게 고객에게 우리 살롱을 노출하고 보여줄 수 있도록, 양의 승부가 아닌, 유입 키워드 경쟁으로 성장의 우위를 점하기를 바란다.

09

컴플레인 대응 방안에 따라
매장의 성장력이 결정된다

살롱 경영과 컨설팅을 하다 보면 미용인들에게 가장 많이 받게 되는 질문이 바로 컴플레인 해결방법이다. 미용은 고객과 미용인이 함께 원하는 것을 이루기 위해 하는 일이기 때문에 필연적으로 커뮤니케이션이 필요하고, 이 과정에서 컴플레인 또한 필연적으로 발생하게 되어있다. 컴플레인이 나오지 않는다면 너무나도 좋겠지만, 불행하게도 나는 컴플레인이 단 한 번도 걸리지 않은 미용인을 아직 만나보지는 못했다. 또 가장 큰 문제는 컴플레인이 발생한 시점에서 잘못 대처한 응대 방법 때문에 살롱과 디자이너이에게 막대한 피해를 입히는 상황이 발생한다는 점이다.

컴플레인 대응의 어려움은 비단 미용업계만의 문제는 아니다. 거의 모든 서비스업과 판매업에서 필연적으로 경험하는 것이 컴플레인이다. 그래서 모든 기업들은 어마어마한 예산을 통해 컴플레인 해결 방법을 교육하고, 해결 과정을 공유하며, 원만한 해결이 가능한 컴플레인 대처법을 찾아가고 있다.

나 또한 매장을 오픈하고 수많은 컴플레인을 경험하면서 컴플레인이 나오지 않게 하는 것도 중요하지만 원만하게 해결할 수 있는 해결 방안이 마련되어 있어야 되는 점을 인지하기 시작했다. 그리고 오픈 2년 차에 컴플레인 해결에 대한 방법을 명확하게 수립하면서 컴플레인이 나오더라도 성장하는 매장으로 결과를 바꾸기 시작했다.

내가 찾은 미용 컴플레인 대처 방안은 총 3가지 단계를 거친 해결법이다.

첫째, 경위서를 통해서 사건 발생 시점부터 명확하게 컴플레인 건을 인식하는 것이다. 우리의 기억은 시간이 지나면 정확해지지 않는 문제가 있다. 때문에 고객이 컴플레인을 제기한 시점부터 최대한 빠르게, 육하원칙에 의해서, 해당 시술을 진행한 선생님과 함께 경위서를 작성해 시술자가 컴플레인에 대한 부분을 명확하게 처리할 수 있도록 하는 것이 중요하다.

그렇다면 경위서에는 어떤 내용이 들어가야 할까? 실례로, 염색 시술을 한 고객의 두피에 알레르기 반응이 와서 컴플레인을 하게 된 경우의 경위서를 들어보겠다. 경위서 작성을 통해 몇 월, 며칠, 몇 시에 시술했고, 약제는 어떤 브랜드에 어느 넘버링을 사용했으며, 당시 고객에게 전달한 질문과 시술 중 고객의 피드백, 그리고 시술 후에 바로 문제점 발현 시 추후 대처 멘트 등을 자세하게 기록해야 한다.

이렇게 경위서를 작성하게 되면 살롱의 시술이 적절했는지, 디자이너의 대처는 적합했는지에 대해 판단이 된다. 그리고 경위서를 통해 어떤 방향으로 컴플레인을 해결해야 되는지를 결정하게 되기 때문에 기억만 가지고 접근하는 것보다 훨씬 더 방향성과 목표가 명확해진다.

둘째, 고객과 직접 소통하는 것이다. 컴플레인을 제시한 고객에는 여러 유형이 있는데, 모든 고객과 동일한 방법으로 소통할 수는 없다. 컴플레인 고객의 유형에는 크게 내방을 원하는 고객과 전화로 응대를 원하는 고객, 문자로 응대를 원하는 고객이 있다. 따라서 최초에 고객이 컴플레인을 제기했을 때 추후 응대에 대한 부분으로 "전화나 문자, 내방 중에 어떤 방식이 좋을까요?"라고 제안해야 된다.

고객의 편의에 맞춰서 컴플레인을 해결할 방법이 결정되었고,

경위서가 있다면 고객과 소통을 시작해도 좋다. 우선 컴플레인을 응대하는 사람은 시술 당사자이거나 살롱 오너일 경우가 많은데, 누가 응대하더라도 반드시 경위서를 통해 전체 컴플레인에 대한 이유를 명확하게 인지하고 응대하는 것이 중요하다. 이때 가장 중요한 사항은 해결 방법을 명확하게 결정하고 연락하는 것이다. 컴플레인은 2~3번의 소통이 반복되는 것보다 최초 소통 시 가장 빠르고 명확하게 해결하는 것이 좋다. 때문에 첫 연락 시 살롱에서 진행한 시술과, 그로 인한 피해에 합당한 보상의 범위를 명확히 하고 고객에게 제안하는 것이 중요하다.

예를 들어, 염색으로 인한 단순 알레르기 같은 경우는 '보험처리를 통해 해결해 준다 or 약값을 보상해 준다' 정도가 적합하다. 하지만 염색에 의한 화상이나 펌 시술 시 발생한 화상의 경우 정도가 심하기 때문에 '보험처리 + 환불'이나 추가 보상을 해야 될 경우가 많다. 따라서 최초 대응에서 그 보상범위를 확정하고 연락하는 것이 대부분 원만한 해결에 도달하는 지름길이다. 또 이때는 "너무 죄송하다, 잘못했다"라는 멘트나 사과보다는, 먼저 충분히 컴플레인에 대해 인지하고 있고, 해결하기 위한 명확한 방법과 목표를 가지고 있다고 어필하는 것이 중요하다. 아울러 컴플레인이 해결되면, 불편함을 드린 문제의 원인을 충분히 인식했으며, 추후 같은 문제가 재발하지 않도록 최선을 다할 것임을 다짐하는 게 죄

송하다고 이야기하는 것보다 재방문 의사를 만들기 좋다.

셋째, 해결한 컴플레인에 대해서는 이 문제가 왜 일어났고, 앞으로 어떻게 대비하며 업무에 임해야 재차 이런 문제가 일어나지 않는지를 피드백하는 것이 중요하다. 이 부분은 무엇보다 컴플레인을 통해 힘들었을 미용인의 마음이 다치거나 상처받지 않도록 하기 위함이다.

컴플레인에서 최악의 경우는 고객도 잃고 디자이너도 잃는 경우이다. 만약 고객에게 너무 일방적으로 맞춰주거나 디자이너에게 일방적으로 맞춰주면 당연히 둘 중에 한 사람은 잃게 된다. 살롱 입장에선 고객도 지켜야 되는 사람이지만, 무엇보다 큰 재산은 디자이너이다. 따라서 감정적으로 잘못을 지적하기보다는 디자이너의 미래와 목표를 위해서 컴플레인을 계기로 삼아 같은 상황이 재발되지 않도록 공부하는 것이 중요한 점을 어필하며, 컴플레인에 대한 해결과 대비를 피드백하는 것이 중요하다.

우리는 이런 컴플레인 해결 방법을 통해 잃지 않아도 되는 고객을 지키고 디자이너와 함께해 왔다. 연차가 오래된 살롱 같은 경우 이런 컴플레인에 대한 해결 방법과 대처 훈련은 반드시 명확하게 되어 있어야 한다. 컴플레인에 대한 대처 방안이 얼마나 단단하게 체계화되어 있는지 여부는 장기적으로 살롱의 성장에 큰 영향을 미치게 된다.

그렇기 때문에 컴플레인은 연차가 오래된 살롱일수록 더 적극적이고 명확하게 해결할 수 있어야 하며, 문제 발생에 대한 해결 방법과 신뢰가 고객에게는 큰 메리트로 작용하게 된다.

2장

새롭게 시작하는 숍 성공 방법

01

브랜딩의 설계로 존재 이유와 방향성이 명확한 살롱을 계획하자

헤어살롱을 오픈한다는 것은 모든 미용인의 꿈이다. 그렇기 때문에 살롱 오픈은 이야기만 만들어도 설레는 일이라고 생각한다. 따라서 정말 많은 것들을 고민하고 계획해서 미용인들은 살롱을 오픈하며, 사활을 걸고 영업을 시작한다. 때문에 나는 모든 미용들이 반드시 성장을 통해 성과를 보았으면 좋겠다고 간절하게 생각한다.

하지만 생각보다 예전과는 다르게 오픈 후 소위 '오픈발'도 없을 뿐더러, 생각보다 장사는 잘되지 않는다. 과거와는 다르게 새로 생긴 매장에 대한 호기심보다는 의구심이 강하기 때문이다. 따라서 새롭게 시작하는 살롱은 단시간 내에 효과나 성과를 보려고 하기보다, 장기적으로 고객의 만족도를 높여 고객 유치를 늘려가는 방향을 명확하게 생각하고 나아가야 된다. 이를 위해 앞으로는 이벤트나 홍보보다는 브랜딩을 통해 살롱을 오픈하고, 시작하기 전에 어떤 방향의 매장을 만들 것인지를 먼저 숙고해야 한다. 브랜딩을 통해 사람들이 계속해서 내 브랜드를 선택하도록 이유를 명확하게 만들어 줘야 하고, 우리 살롱이 어떻게 인식되어야 할지를 체계적으로 설계해야 된다. 그런데 이런 작업에 다소 난해하고 어려운 부분이 있다 보니, 우리는 오픈 전 브랜딩에 대한 중요함보다는, 경대를 몇 개 놓고, 시술대를 어디에 배치하고, 샴푸대를 몇 대 둘 것인지, 가격은 어떻게 설정할지를 먼저 생각하게 된다.

하지만 인테리어가 줄 수 있는 영향보다는 브랜딩을 통해 어떤 가치를 전달할 수 있는지가 장사에는 더 큰 도움이 된다. 또 브랜딩은 오랜 시간 노력해야 결과로 보여질 수 있기 때문에 이를 고민하는 데에 더 많은 시간과 노력을 투입하는 것이 살롱 성장에는 도움이 된다.

새로 오픈하는 살롱이 브랜딩을 하기 위해서는 명확히 우리가 보여주고자 하는 것이 무엇인지에 대한 고민이 뒤따라야 한다. 먼저 무엇을 어필할 것인가를 서브와 메인으로 나누어 명확한 콘셉트를 잡아야 한다. 카이정헤어의 경우 메인을 스파서비스로 잡았고 서브를 펌으로 잡았다. 보통은 시술인 펌이나 염색을 많이 어필하는데, 다른 숍과 달리 차별화된 느낌을 주기 위해 스파를 메인 콘셉트로 잡고, 스파와 효율이 좋은 펌 시술을 서브로 두어 서로 시너지가 날 수 있도록 배치한 것이다. 그리고 메인인 스파서비스를 어필해 고객의 만족도를 중심으로 성장하는 방향성을 잡았다. 이에 따라 매장 평수나 경대수에 비해 더 많은 샴푸대를 비치했으며, 메뉴판과 매장 홍보 문구, 선생님들의 교육에서도 스파의 영역에 집중했다.

우리의 스파는 조금 더 전략적이었는데, 헤드스파 메뉴를 전략화하는 것이 아니라, 방문하는 모든 고객이 샴푸를 진행할 때 헤드스파를 기본적으로 경험할 수 있게끔 했다. 즉 커트만 진행하시는 고객님과 펌 고객님 사이에 차별 없이 스파를 진행하는 것이 목표였다.

그렇게 매장이 오픈한 지 3개월 만에, 방문하는 고객님들 사이에서는 카이정헤어의 헤드스파를 한번 받아보는 것은 정말 좋은 경험이라는 이야기가 나왔다. 그리고 주변인들의 추천으로 매장은 빠르게 성장하게 되었다. 서브로 선택했던 상품인 펌 또한 다른 매장처럼 기본 테크닉으로 판매하게 하는 시스템과는 달리 스타일로 명확하게 판매할 수 있었다. 또 테크닉이 아니라 디자인으로 펌 가격을 명시해 판매하는 전략으로 '카이정헤어는 헤드스파를 잘하고 펌 가격이 합리적'이라는 고객의 인식에 기여하게 되었다.

이처럼 브랜딩을 한다는 건 고객에게 어떻게 좋은 경험을 만들어 줄 것인가를 고민하는 출발점이 된다. 새로 오픈하는 살롱일수록 메뉴나 인테리어, 가격에 집중하기보다는, 우리가 고객에게 어떤 경험을 만들어 줄지를 고민하는 것이 브랜딩의 시작이 된다. 따라서 우리 살롱이 잘할 수 있고, 고객이 만족할 만한 요소를 통해 메인과 서브 서비스를 구축해 철저하게 고객 만족 중심으로 성장할 수 있도록 매장을 구성하는 것이 좋다. 또한 이런 브랜딩의 방향성을 쉽게 변하지 않는 핵심가치로 가꾸어 나가 모든 성장의 기준으로 삼도록 해야 한다.

매장이 성장할 때 기준이 바뀌어 버린다면, 브랜딩의 가장 핵심인 기존 고객의 만족은 떨어질 수밖에 없다. 브랜딩은 기존 고객의 지속적인 만족을 위해 존재하는 가장 중요한 핵심가치이다. 모두를 만족시키기보다 우리가 잘할 수 있는 것을 통해 고객을 만족시키는 살롱이 되는 것이 결국 창업 시 가장 중요한 핵심가치라고 생각하며 오픈을 준비해야 된다.

02

가격 설정을 잘해야
후회 없이 경영할 수 있다

살롱을 오픈하면서 많이 하는 고민 중 하나는 단가를 어느 정도로 설정해야 되는지에 대한 부분이다. 가격은 경영에 있어서 가장 중요한 부분이고, 가격의 설정이 곧 매출과 순익, 그리고 성장률을 결정한다. 따라서 쉽게 결정할 수 있는 부분은 아니다. 하지만 미용인들은 회계나 순익에 대한 개념과 인식이 부족할 수밖에 없어서 잘못된 가격 설정으로 인해 큰 피해를 보는 경우가 많다.

한 사례로, 5년 차인 A 살롱의 경우, 지난 3년간 매년 10%의 가격 인상을 진행했다. 하지만 최초의 가격이 너무 낮았고 순익이 너무 떨어져 있던 문제 때문에 가격 인상을 단행했음에도 순익이 날 수 있는 매출에 접근하지 못했다. 수년간 잘못 설정된 가격에 의한 영업 때문에 순익이 나지 않아 이미 영업손실이 너무 많았고, 회복하기에는 상당히 많은 돈이 필요한 상황이었다. 가격 설정 당시 매장 지출을 고려하지 않은 채 주변 상권의 가격만 보고 파악해 영업을 시작했기 때문에 발생한 문제였다. 이런 상황에서도 살롱 오너는 가격을 올리는 부분에 대해 부담감을 느껴 순익이 날 수 있는 정도의 인상은 불가능하다고 생각했다. 그리고 결국 1년만에 폐업을 결정하게 되었다.

이런 문제는 특별한 케이스가 아닌, 현재 살롱들이 대부분이 가지고 있는 문제이다. 그렇기 때문에 장·단기적으로 살롱을 경영하기 위해서는 수익이 날 수 있는 가격의 설정이 중요하다.

그럼 새로 오픈하는 신규살롱이 가격설정을 하기 위해서는 무엇을, 어떻게 해야 할까? 먼저 고정지출과 유동지출을 체크해 최대한 비용을 정확하게 계산하는 것이 중요하다. 1인숍의 경우로 설명하자면, '세금+수수료+임대료+재룟값+투자비'를 계산해 손익분기점을 예상하고 가격을 설정하는 것이 중요하다. 20평 매장을 오픈했고, 임대료가 부가세 포함해 200만 원, 20평 인테리어 비용와 창업비용으로 총 6,000만 원이 지출되었다. 그렇다면 월 고정지출비는 임대료 200만 원과 3년 동안 차감해야 되는 창업비용(창업 비용은 3년 내에 갚는 것을 목표로 하면 된다), 즉 '6,000만 원÷36개월'인 월 166만 원을 포함한 366만 원이다.

그 뒤 유동지출은 '세금+수수료+재룟값'은 매출에 따라 바뀔 수 있는 상황이기 때문에 예상 매출을 산출하고 순익을 계산하는 것이 좋다. 보통 1인숍의 경우 크루가 없다는 전제하에 평균 800~1,200만 원 정도의 매출을 예상하게 된다. 그런데 최저인 800만 원을 기준으로 한다면 여기에서 '부가세10%+카드수수료 3%=104만원'을 먼저 공제하고 순익을 계산하면 된다. 그럼 696만 원에서 고정지출비 366만원을 빼고 330만 원이 남게 된다. 여기에 재료비는 매출에서 평균 10% 정도 발생하기 때문에 '-80만 원'을 하게 되면 순익은 대략 250만 원으로 예상된다. 그렇다면 살롱 오너 입장에서는 800만 원은 무조건 달성해야 되는 매출액이 된다.

순익계산이 끝나면 가격을 정하면 되는데, 이때는 평균 월 근무일수와 근무시간을 먼저 계산해야 된다. 주 5일 근무, 일 10시간 근무 시 1주일에 총 50시간을 근무하게 되고, 이는 월 200시간 정도 근무에 해당한다.

그렇다면 1시간에 손님 한 명을 받는 것을 기준으로 삼아 최대월 200명을 고객수로 정하면 되고, 최소 고객수는 100명으로 잡으면 된다. 가격을 정할 때는 최대고객수를 기준으로 잡으면 객단가가 낮아지고, 성장률이 떨어진다. 따라서 최소 고객수 기준으로 100명, 월 800만 원의 매출을 달성하기 위해서는 객단가가 8만 원으로 형성되어야 한다. 그리고 이에 맞추어서 각 세부 가격을 정하면 된다.

이를 위해 먼저 커트비를 정하면 되는데, 커트비가 낮을 경우에는 더 많은 고객수를 채워야 하므로 너무 낮은 단가보다는 현재 우리 살롱에 원활한 성장이 되는 단가를 설정하는 것이 중요하다. 그리고 최소 고객수 100명을 기준으로 위에 계산한 1인숍 기준이라면, 800만 원의 안정적인 매출을 달성하기 위해서는 최저 단가 기준인 커트비가 높으면 높을수록 유리하다. 때문에 커트의 경우는 주변 시세를 보고 정하기보다는 우리 살롱의 서비스와 기술력을 기준으로 합리적 선에서 받을 수 있는 기준의 최대치로 설정하는 것이 중요하다. 커트 단가를 낮게 잡을 경우는 시술 비중이 올라가야 되기 때문에 그만큼 시술비에 대한 단가 상승에 부담이 된다고 생각하면 된다.

내가 생각하는 위에 계산한 1인숍 기준의 안정적인 커트비는 2~2.5만 원 선이고, 객단가 8만 원을 안정적으로 만들기 위해서 커트비는 더 인상될수록 좋다. 또한 가격을 설정할 때는 커트 비중을 50% 이하로 설정해 시술비가 50% 이상 될 수 있도록 합리적으로 설정하는 게 1인숍 성장에 도움이 된다. 커트 비중이 50% 이상 된다면 그만큼 목표 매출 달성이 어렵게 되기 때문에 커트 단가의 설정은 비율 조정에 큰 의미를 두고 해야 되는 점을 인지해야 한다.

만일 커트 비중이 100%라면 800만 원 매출을 올리기 위해 200시간 근무 기준 최대고객수 200명을 기준으로 4만 원에 커트비가 설정된다. 따라서 시술 비중이 낮은 살롱일수록 커트 인상은 필수적인 부분이다.

한편 커트 설정과 비율에 따라 시술비를 결정하면 되는데, 가장 이상적인 시술 비중인 50%를 기준으로 놓고 보자면, 최소고객 100명, 커트비 2만 원을 기준으로 50명, 커트 고객 매출 100만 원, 50명 시술고객 기준시 매출 700만 원이 나올 수 있어야 된다. 그럼 50명의 고객으로 매출 700만 원이 나오려면 객단가가 14만 원이 되어야 한다. 때문에 커트비가 높을수록 시술객단가가 안정화된다는 점이 고려될 필요가 있다.

여기서 가격 설정의 관건은 얼마나 합리적으로 14만 원대 메뉴를 합리적으로 만들 것인가에 대한 부분이다. 펌, 염색 시술의 객단가가 14만 원이 되려면 평균 12~16만 원 선으로 시술 메뉴들이 구성되어 있어야 하고, 고객이 이 메뉴를 선택할 만큼의 메인 시술들이 해당 단가에 포함되어야 한다. 열펌의 가격대와 볼륨매직, 그리고 컬러의 가격대가 12~14만 원이 되도록 설정해야 한다는 점이다. 가격의 설정은 세팅한 가격의 목표와 순익 성장률을 고려하지 않으면 고객수 100명에 800만 원이라는 매출은 달성하기 어렵다. 그리고 고객수 100명에 800만 원의 매출을 달성하지 못한다면 최대고객수 200명에서 1,600만원이라는 매출 또한 달성할 수 없다. 고객수 200명에 평균 800만 원의 매출을 올리게 된다면 살롱은 장기적으로 보았을 때 순익이 안 나오는 매장이 될 확률이 높다.

우리는 이런 계산법을 통해서 합리적인 가격과 이익이 남는 경영법으로 빠른 성장을 만들어 냈다. 올바른 가격의 설정은 살롱 경영에 있어서 가장 중요한 부분이라는 점을 인식하고, 반드시 철저한 계산과 목표를 두고 제안해야 되는 점을 인식해야 한다.

03

오픈발 세우는
오픈 이벤트를 해야 한다

살롱 오픈 준비를 하며 놓치지 말아야 할 사항으로는 브랜딩과 가격 설정뿐만 아니라 어떤 이벤트를 해야 하는지에 대한 구상이 있다. 왜냐면 현대의 살롱 비즈니스에서 이벤트는 단순히 가격을 할인해 주는 차원의 단순한 문제가 아니므로, 최대 성장에 대한 가능성도 고려하면서 진행해야 되기 때문이다.

이벤트는 고객을 모으고 살롱을 성장시키는 아주 중요한 포인트이다. 할인을 통해 매장이 손해를 보고 고객을 모은다고 생각하면 안 된다. 이벤트마다 정확하게 포인트를 잡고 진행하지 않으면 우리 살롱이 성장할 수 있는 좋은 기회를 통째로 날리게 된다. 살롱 성장에 효율성을 극대화하는 이벤트들은 때로 매출 반등의 포인트가 된다. 따라서 이벤트마다 목적과 목표를 정하고 운영해야 성장의 효율성을 극대화할 수 있다.

한편 오픈할인 이벤트에 대해서 설명하자면, 살롱이 오픈하고 유일하게 딱 한 번만 할 수 있는 이벤트이기 때문에 어떤 의도를 가지고 이 이벤트를 구상하게 되었는지에 따라 결과가 달라진다. 앞서 설명했지만, 요즘은 새로 창업한다고 해도 손님이 몰리는 소위 '오픈발'이 없는 시대이다. 매장 오픈 후 오픈 이벤트를 한다고 해도 고객이 오지 않기 때문에 심지어 오픈 이벤트를 하지 않는 매장들도 생겨나고 있다고 한다.

하지만 나는 이런 결정에 대해서는 공감하지 않는다. 살롱이 오픈하고 진행하는 이벤트는 우리 살롱의 시작을 맞이하여 고객 경험의 눈높이를 낮추기 위해서 진행하는 이벤트이다. 따라서 손님이 오지 않는 것과 오픈 이벤트를 연결짓는 건 무리가 있다. 손님이 오지 않는 것은 이벤트 자체의 무용론을 주장할 근거가 될 수 없다. 다만 이벤트 구성에 고객을 끌어들일 매력이 없기 때문일 수 있으므로 고객 유입을 위한 마케팅 전략을 더욱 강구해야 한다.

오픈 이벤트를 하기 전에 한 가지 먼저 고려해야 할 부분은 '오픈발'을 만들기 위한 매력의 설정이다. 자신 있게 어필할 수 있는 메인 메뉴 하나 정도는 명확하게 있어야 오픈 이벤트를 통해 관심을 모을 수 있다. 또한 오픈 이벤트의 콘셉트는 명확해야 한다. 우리 살롱 창업 후 딱 한 번만 진행하는 이벤트이기 때문에 "이보다 파격적인 이벤트는 없다"라는 콘셉트를 명확하게 잡는 것이 중요하다.

예를 들면, 카이정헤어의 경우 예약시 할인받을 수 있는 커트비와 부분시술의 최대 할인이 10%이지만, 유일하게 오픈할인 이벤트 기간 동안은 30% 할인된 금액으로 커트를 경험해 볼 수 있다. 오픈 이벤트는 카이정헤어를 가장 합리적인 가격에 방문할 수 있는 유일한 기간이다. 따라서 이 기간과 할인율을 홍보하기보다는 유일한 파격할인임을 강조하는 것이 이벤트를 성공적으로 이끄는 힘이 된다. 앞으로는 없을 유일한 파격할인과 메리트를 어필해야 '오픈발'을 만들어 낼 수 있다.

또 오픈 할인은 가격의 유동성을 만들어주기도 하는데, 오픈 이벤트는 오픈 뒤 최대 6개월까지 지속할 수 있기 때문에 초창기에 고객을 유치해야 되는 살롱의 입장에서는 가격의 유동성을 생각하며 이벤트를 진행할 수 있다. 예를 들어, 커트비와 시술비를 높게 설정했다면 고객은 그만큼 눈높이가 높아졌다고 생각할 것이다. 그렇다면 오픈 할인 비용을 높게 설정하면 된다.

오픈할인 이벤트의 경우 최대 30% 정도까지 할인율을 책정하면 되는데, 내가 받고 싶은 커트비가 2.5만 원일 경우 오픈할인 이벤트를 30%로 한다면 고객은 '25,000-7,500=17,500'원에 살롱을 경험해 볼 수 있다. 실제 살롱의 커트 가격은 25,000원이지만, 고객이 결제할 때 17,500원이면 고객은 17,500원이라고 인식하고 살롱을 이용하게 되는 것이다. 최대 6개월까지 고객수의 변동을 보고 이벤트를 진행하게 되기 때문에 내가 원하는 목표치의 고객 수까지는 오픈 이벤트를 최대한 유지하면서 합리적인 가격으로 고객을 유치한 뒤 점차적으로 상시 할인율을 변동해 원하는 커트 가격인 2.5만 원이 되도록 하면 된다. 때문에 오픈 이벤트는 '딱 한 달만 해야지', 혹은 '오픈 이벤트는 기간을 정해놓고 해야지'라는 마음으로 진행하기보다는 효과와 임팩트에 따라 최대 6개월까지 설정할 수 있는 '오픈발'을 만드는 이벤트이다.

실제로 우리는 오픈 이벤트를 통해 장기전으로 고객 유치에 성공한 사례가 있는데, 카이정헤어 용인강남대점의 경우는 오픈 이벤트를 6개월 진행한 유일한 카이정헤어살롱이다. 이유는 카이정헤어 용인강남대점는 원래 해당 살롱 위치에 다른 브랜드가 입점해 있던 매장을 인수 후 리부트해 오픈한 살롱이기 때문이다. 따라서 입점해 있던 살롱에 방문했던 고객은 기존 살롱의 가격과 카이정헤어살롱의 가격 차이에 대한 부담이 있었고, 따라서 30% 오픈 이벤트를 통해 가격에 대한 고객의 심리적 부담감을 상쇄하고자 했다. 오픈 이벤트를 통해 기존 살롱과 똑같은 단가가 되기 때문에 고객들에게 카이정헤어를 경험하고 올만 한 이유를 만들어

주기 위한 시간을 만들기 위해 2번 정도의 기회를 제공해야 확실하게 고객을 확보할 수 있다는 생각으로 오픈 이벤트를 6개월 동안 지속했다. 그 결과, 카이정헤어 용인강남대점은 6개월만에 기존 고객의 흡수와 그 고객의 피드백을 통한 홍보에 힘입어 최단기간 내에 목표 매출을 달성하는 매장으로 성장하게 되었다.

이처럼 새로 오픈하는 살롱의 오픈 이벤트는 단순히 '오픈했으니까 할인해 줄께요'라는 행사의 개념보다는, 살롱이 성장할 수 있는 기반을 만들어주는 아주 중요한 이벤트의 개념으로 진행해야 한다.

04

모든 이벤트는 목표와 효과를
정확히 설정해야 한다

홍대거리를 한번 거닐고 나면 마치 이벤트 천국에서 살고 있는듯한 느낌을 받게 된다. 음식점, 커피숍, 상품점, 헤어살롱까지 모든 매장들이 이벤트를 하고 있고, 정말 많은 이벤트가 있음을 알게 된다. 특히 올리브영이나 롭스 같은 편집숍에 들어가면 매장의 이벤트를 포함해 다시 브랜드마다 세부적인 이벤트를 하고 있기 때문에 조금 질린다는 느낌을 받기까지 한다.

현재 헤어살롱을 대표하는 이벤트도 사실 10년 이상 지속된 것들이 대부분이고, 특색이나 목적이 있다기보다는 그냥 너도 하니까 나도 한다는 식의 느낌이 강하다. 살롱경영자의 입장에서 보면 이런 이벤트들은 오히려 고객의 유입률을 떨어뜨리고, 때로는 만족도까지 낮추는 이유가 되기도 한다. 따라서 상당히 주의해서 진행해야 하는 부분이기 때문에 이벤트 기간 중 달성해야 하는 목표와 효과를 정확히 설정하는 것이 중요하다고 생각한다. 맹목적인 이벤트는 반드시 독이 되기 때문이다.

그렇다면 효과적으로 이벤트를 진행하기 위해서는 어떻게 해야 할까?

먼저 이벤트는 장기이벤트, 단기이벤트, 스폿이벤트로 구분하고, 각 이벤트가 어떤 목표와 효과가 있는지를 파악하는 것이 중요하다.

첫째, 장기이벤트는 연간이벤트를 의미하는데, 1년 동안 상시로 진행하는 이벤트를 말한다.

연간이벤트의 목표는 장기적으로 고객에게 혜택을 제공하는것이기 때문에 파격적인 이벤트보다는 상대적으로 낮은 할인율이지만, 넓은 혜택을 가진다. 예를 들어, 예약 시 할인이벤트와 연간 프로모션을 의미하는데, 이와 같은 장기이벤트는 매장을 꾸준히 이용하는 고객에게 혜택이 된다. 따라서 오픈 이벤트 등을 비롯해 많은 종류의 이벤트와 함께 진행하지는 않으며, 살롱이 어느 정도 안정화 단계에 들어서 할인에 대한 혜택이 줄어들었을 때 진행한다.

장기이벤트의 가장 큰 효과는 이용고객에 대한 감사의 표현이며, 선불권이나 회원권, 프로모션 등을 소비하지 않아도 예약만으로 고객에게 혜택을 제공하는 멤버십 적립과 같은 효과를 발생한다. 따라서 예약 시 할인 혜택을 제공하지 않을 경우 멤버십 적립으로 운영하면 된다.

둘째, 단기 이벤트는 3개월 정도 운용하는 이벤트를 말하는데, 프로모션과 오픈 이벤트, 계절이벤트 등이 이에 속한다. 단기 이벤트의 목표는 해당기간 동안 고객수나 매출을 올리는 것이기 때문에 혜택이 상대적으로 장기 이벤트에 비해 좋다. 따라서 살롱과 디자이너는 이 기간 동안 적극적으로 세일즈와 마케팅을 운용해 목표를 달성할 수 있도록 노력해야 된다. 특히 이 단기 이벤트를 대표하는 것이 계절 이벤트인데, 봄맞이, 여름맞이, 가을맞이, 겨울맞이 등의 프로모션을 의미한다.

봄·가을맞이 프로모션은 펌·염색으로 구성되어 20% 정도의 할인을 제공하는 것이 보편적이고, 여름맞이는 두피케어, 혹은 여름 휴가철을 맞이해 두피케어를 시술 메뉴에 묶거나 개별 판매해 자외선과 기타 자극으로 손상된 모발과 두피케어에 집중하게 된다. 겨울철 또한 봄·가을맞이와 함께 겨울철에 적합한 스타일을 제안하며, 단기 이벤트로 적절한 할인을 제공하면 된다. 이런 단기 이벤트는 고객에게 있어서 트렌드의 변화와 살롱 소비 패턴의 변화를 줌으로 신선하고 다양한 시술을 경험할 수 있도록 유도하는 것이 가장 효과적이다.

셋째, 스폿이벤트는 이벤트의 꽃이다. 바로 1주일 동안만 짧고 강하게 하는 이벤트를 의미하는데, 대표적인 스폿이벤트는 설, 추석, 휴가, 수능 이벤트 등이 있다. 이러한 스폿이벤트의 목표는 파격적 할인을 통해 단가를 낮춰 신규고객의 유입을 늘리기 위한 이벤트이고, 그렇기 때문에 혜택은 굉장히 파격적이며 적극적이어야 한다.

1년에 몇 번 안 되는 이벤트이기 때문에 반드시 소비해야 된다는 심리를 만들어주는 것이 중요하고, 때로는 50%까지 할인해주며, 파격적으로 이벤트 의지를 드러내기도 한다. 이 이벤트를 진행하면서 목표는 매출에 손해를 보고서라도 반드시 고객에게 우리 살롱을 경험하게 하는 것이 된다. 따라서 할인이 높으므로 적극적으로 시술을 권하기보다 파격적인 가격으로 고객에게 경험 기회를 제공하는 것이 목표가 되어야 한다.

이 이벤트의 효과는 무엇보다 고객 유치에 있기 때문에 이벤트 진행 시 반드시 매장의 디자이너들과 협의가 되어야 한다. 또 시술 시간이 긴 메뉴보다는 짧고 간단한 시술을 적극적으로 어필해야 고객의 만족도가 높으면서도 디자이너의 부담도 적다.

이렇게 이벤트는 각 목표나 효과가 나누어져 있기 때문에 새로 오픈하는 살롱의 경우 우리에게 어떤 효과를 얻을 수 있는지를 고민하고 이벤트를 설정해야 된다. 특히 오픈 초창기에는 오픈 이벤트를 제외한 그 어떤 이벤트도 진행하지 않는 것이 좋다. 왜냐하면 오픈 이벤트의 혜택을 충분히 누리고 있다는 이미지를 만들어주는 것이 중요하기 때문이다.

오픈 이벤트 이후 3개월 차부터 장기이벤트와 단기이벤트, 스폿이벤트를 구성해 동시적으로 고객이 관심을 가질 수 있도록 이벤트를 만들어주는 것이 중요하다. 아무 목표도, 효과도 없을 무작위 이벤트는 살롱의 퀄리티를 떨어뜨릴 뿐만 아니라, 고객에게 장사가 안 되어서 할인을 남발하는 살롱이라는 이미지만 심어줄 수 있다. 따라서 1년 캘린더에 이벤트를 통한 기간과 목표를 정하고 살롱 창업 시 이벤트를 체계적으로 계획해야 한다.

05

매출이 아닌,
고객을 쌓기에 집중하자

헤어살롱을 창업하고 영업을 시작하게 되면 본격적으로 매출과 고객에 집중해 성과를 만들어야 한다. 모든 살롱들은 대부분 1년 내에 어떻게 목표를 잡고 계획을 실현해 나갔는지에 따라 결과와 성과가 가시적으로 드러난다. 그만큼 헤어살롱은 창업의 속도만큼 폐업의 속도도 빠르다. 신규 오픈한 살롱 중 약 상위 30%의 살롱들은 꾸준한 성장을 통해 정상적인 경영 실현이 가능한 반면, 하위 70% 살롱은 무엇을 해야 할지 감을 잡지 못하고 1년 동안 성과는 보지 못한 채 노력만 하다가 폐업하는 경우가 많다. 자본금이 크지 않은 현재 살롱업계 상황에서 1년 동안 적자인 경우에는 재무구조가 회생불가의 상태에 빠지기 쉽기 때문이다.

그러면 "살롱 창업 후 1년 동안 목표를 무엇으로 해야 할까?"라는 질문에 대부분의 미용인은 매출 상승을 목표로 잡고 싶을 것이다. 하지만 매출상승의 목표는 그 자체가 달성하기도 어렵고 구체적인 방안을 마련하기도 쉽지 않다.

이와 같은 경영상의 문제들에 대해 나는 오랫동안 고민해 왔고, 카이정헤어 오픈 후 1년 동안의 목표를 매출이 아닌 월고객수와 총고객수 쌓기로 설정했다. 이렇게 결정을 내린 이유는 다음과 같다.

목표 매출을 달성하기 위해서 가장 필요한 조건이 고객수이다. 고객수 없이 목표 매출을 달성하기 위해 노력한다면, 디자이너들이 무리한 선불권 판매나 객단가 업(up)을 진행하게 된다. 그러다 보면 최종적으로 고객의 만족은 보장되지 않는다. 따라서 높은 달성률과 안정적인 매출 유지를 위해서는 고객수 쌓기가 먼저 실현되어야 된다고 판단했다.

그렇다면 1년 동안 우리가 진행한 목표 고객수 쌓기는 무엇일까? 바로 위에서 설명한 프로모션 운영과 CS기본기 향상으로 고객의 만족 기준을 충족시키고 서비스와 마인드의 성장으로 차별화되는 살롱을 만들어 내는 것이다.

단계별로 설명하자면, 먼저 고객수를 효과적으로 쌓기 위해서는 당연히 합리적인 가격과 만족도 높은 서비스가 동반되어야 된다. 고객은 덜컥 무턱대고 큰 금액을 살롱에 쓰지 않으며, 쉽게 고정고객이 되지 않는다. 따라서 신뢰의 관계를 형성할 수 있도록 재방문을 통해 좋은 경험을 만들어주는 것이 중요하다. 이때는 오픈 이벤트나 적극적인 프로모션을 통해 가격을 낮추고, 고객에게 가성비를 높게 잡아 줄 수 있도록 접근해야 한다. 특히 시술 단계가 복잡하지 않으면서도 방문 주기와 유통기한이 짧은, 즉 시술 주기가 짧은 스타일을 적극적으로 어필해 빠른 시간 내에 재방문이 이루어지도록 가이드해야 한다.

이때 가심비를 만들어 줄 수 있는 CS까지 같이 활용되면, 가성비와 가심비를 둘 다 만족시키는 살롱이라는 이미지를 심어주어 고객의 재방문 의사를 만들어줄 수 있다.

이 단계를 통해 고객에게 만족을 준다면, 다음 단계에서부터는 소개 고객을 창출하고 잉여 고객을 유입시키기 위해 노력하면 된다. 처음 오픈하자마자 첫방문으로 내방한 고객에게 소개 쿠폰이나 할인 쿠폰을 제공한들 고객은 절대 감사하지 않는다. 내가 이 살롱에 만족하지도 않고 아무런 강점과 만족을 느끼지 못하는 상태에서 제공받는 쿠폰은 아마 사용되지 않은 채 방 한구석에서 쓸쓸히 잊혀지게 될 것이다. 그렇기 때문에 최소 3~6개월 정도 앞서 말한 단계를 통해 좋은 이미지를 만들어 준 후 재방문의 의사가 확실히 생겼을 때 소개 쿠폰과 할인 쿠폰 등을 통해 지인이나 고객이 재방문할 수 있도록 유도하는 것이 좋다.

실제로 이 방법은 기존 고객의 만족도가 높은 살롱일수록 큰 효과를 보게 된다. 신뢰 관계에 있는 고객은 반드시 본인의 입으로 '여기는 경험해야 되는 살롱'이라는 피드백을 줄 것이다. 따라서 이 고객의 지인들에게 우리 매장을 제안할 이벤트를 만들어 주는 것이 중요하다.

　마지막으로 이러한 단계를 통해 고객수 쌓기에 집중했다면 그 다음으로는 프로모션과 매출 이벤트를 통해 본격적으로 매출을 올릴 준비를 시작하면 된다. 만약 프로모션을 만들고 이벤트를 하는데도 고객의 반응이 없다면, 이유는 애당초 고객이 없기 때문이다. 때문에 고객이 없는 살롱과 디자이너는 아무리 노력해도 매출에 좋은 성과를 만들 수가 없다.

　매출은 특정 조건이 달성되어야만 만들어 낼 수 있는 것이며, 때문에 매출 필수 조건인 고객수는 그 어떤 살롱의 목표보다 중요하다. 새로 시작하는 살롱이 성과를 보기 위해서는 철저하게 고객수를 늘리기 위해서 노력해야 한다. 그리고 고객수 증대는 체계적이면서도 단계적 방법을 통해 실현되어야만 목표에 도달하는 효과를 볼 수 있다. 또 기존 고객 관리에 태만하고 신규 고객 유치에만 열을 올리는 매장은 결국 지속적인 고객의 이탈로 인해 성과를 보기 어렵다는 점도 늘 명심해야 한다.

06

홍보는 고객의 유입을 고려해 단계별로 진행해야 한다

살롱을 오픈하는 숍들은 모두 홍보에 많은 노력을 기울인다. 이렇게 홍보는 하는 이유는 우리 매장의 위치나 가격, 그리고 콘셉트 등을 노출하는 목적도 있지만, 가장 중요한 건 고객들에게 "우리 살롱이 오픈했으니 많이 와주세요"라는 광고 효과일 것이다. 오픈 후 진행하는 홍보는 보통 전단지, 버스광고 등의 오프라인 광고부터 인스타그램, 블로그, 네이버플레이스를 등을 통한 온라인 광고가 있다. 어떤 광고를 하는지에 따라 많은 결과가 달라질 수 있기 때문에 이러한 홍보나 광고는 최대한 신중하고 명확하게 진행해야 한다. 그런데 성과를 보지 못하는 살롱들 대부분은 각 상권에 따른 반응이나 효과 등을 고려하지 않고 진행하기 때문에 기대효과를 얻기 힘들다.

이처럼 홍보나 광고는 우리 매장을 꼭 알리는 정말 중요한 방법이지만, 무턱대고 하기보다는 지금 우리 살롱에 이 방법이 적절한가를 생각해 정확하게 효과를 볼 수 있는 방식으로 진행하는 것이 중요하다.

좀 더 구체적으로 설명하자면, 정확하게 고객 유입에 따라 홍보하기 위해서는 신규 고객수와 유동 고객수를 보고 결정하는 것이 필수이다. 오픈 직후에 진행하는 '오픈 홍보'는 비용이 들어가지 않는 SNS, 네이버스마트플레이스, 현수막 정도로도 충분하다. 이유는 광고를 먼저 한다고 해서 손님이 더 오는 것이 아니기 때문이다. 오픈 한 달 전 인테리어 공사가 들어가면 현수막을 걸고 네이버플레이스를 개설하며, 인스타그램, 블로그에 꾸준히 포스팅을 하는 것이 비용이 드는 파워링크나 전단지 광고보다 효과적이다.

요즘 몇 년간의 트렌드를 보면 오픈을 한다고 해서 무조건 손님이 몰리지는 않는다. 소위 '오픈발'이라는 게 사라졌다. 때문에 오픈 전 많은 비용을 투자해 진행하는 유료광고는 당연히 효과를 볼 일도 없다.

먼저 사전 작업을 통해 비용이 들지 않는 선에서 충분히 매장을 홍보하고, 실제로 오픈 후 한 달 동안의 신규 추이를 본 다음 홍보를 결정하는 것이 중요하다. 처음에 오픈을 하는 살롱 오너들은 3일만 장사가 되지 않아도 조급함에 무리하게 플레이스 광고나 마케팅 업체를 통해 광고하려고 하는 경우가 있다. 그런데 이런 업체들을 통해 광고를 해봐야 큰 성과를 볼 수도 없으며, 도리어 비용 지출로 인해 장기적으로는 경영에 부담만 가중된다. 때문에 오픈 직후 한 달 정도는 실제 고객이 어떤 루트를 통해 우리 매장에 오게 되었고, 무엇을 보고 왔는지 피드백 받으며, 이 지역에서 가장 효과적으로 광고할 수 있는 수단을 찾아야 한다. 실제로 생각보다 아무 광고를 하지 않았는데, 유입률이 좋아 더 이상 고객을 받을 수 있는 상황이 아니라면 광고할 필요가 없다. 이렇게 얻은 정보로 어느 정도 피드백을 잘 봐야 하는데, 이유는 의외로 지역 커뮤니티 카페나 주변인으로부터 오픈 소식을 듣는 경우가 많기 때문이다. 피드백을 통해 어떤 홍보를 해야겠다고 결정이 된다면 그다음 다음 단계로 넘어가도 좋다.

다음으로는 비용을 사용하는 홍보인데, 온라인, 오프라인 중 하나를 결정해 진행할 수 있다.

온라인은 네이버 스마트플레이스 광고와 인스타그램 광고를 추천한다. 비용도 저렴하지만 실제로 고객으로부터 성과를 볼 수 있는 좋은 홍보이고, 한 달 동안의 피드백을 통해 네이버, 혹은 인스타그램 중에 어느 것을 보고 왔냐고 물어보게 된다면 어느 미디어에 주력해 홍보를 해야 되는지 답을 찾게 된다.

오프라인 광고는 지역 전단지와 아파트 홍보물 광고인데, 생각보다 신도시나 지역 상권에서는 이런 광고가 효과를 볼 수도 있다. 때문에 이런 광고에 대한 고객들의 피드백도 충분히 확인하고 진행하는 것이 중요하다.

두 번째 단계 홍보는 대략 3개월 정도로 진행하는 것이 중요하고, 광고를 진행할 때는 성별과 연령대를 확실히 고려해 콘셉트를 명확하게 하는 것이 중요하다. 모든 홍보는 고객수를 만들기 위한 방법이기 때문에 파격적인 할인을 내세워 광고를 하기보다는 우리 살롱의 매력포인트를 강하게 어필할 수 있는 수단이 메인이 되면 좋다. 홍보와 광고는 오픈 직전 살롱의 고객 유입을 기대하며 할 수 있는 좋은 마케팅 수단이지만, 이런 수단이 남용된다면 지출되는 비용에 비해 큰 효과를 볼 수 없게 된다. 특히 네이버 광고의 경우도 트렌드가 많이 달라져서 예전에 비해 블로그의 파급력이 대단히 커졌다. 따라서 굳이 비용을 지출하는 네이버 광고를 통한 파워링크의 홍보보다는 플레이스 광고가 유입률에 도움이 된다고 평가하고 있다.

오프라인 광고도 예전에는 버스와 지하철역 등에 많이 진행했지만, 최근에 진행하는 광고주들이 없는 이유는 그만큼 사람들이 오프라인 광고에 큰 흥미를 느끼지 못하기 때문이다. 따라서 오프라인 광고의 경우 고객들이 실제로 우리 살롱의 방문으로 이어질 확률이 높은, 살롱 바로 앞 주거지역이나 아파트단지에만 국한적으로 하는 것을 추천한다.

광고와 홍보는 고객을 모으고 신규를 영입할 수 있는 좋은 수단이지만, 사실 생각보다 높은 성과를 보기는 힘들다. 때문에 처음부터 무리하게 광고를 진행하기보다는 비용이 들지 않고 쉽게 할 수 있는 온라인 홍보부터 시작하는 것이 좋다. 그리고 최종적으로 더이상 온라인 홍보 쪽 성장이 어렵다고 판단될 때 오프라인 광고를 추가하는 방식으로 진행해야 한다.

07

'간단명꾸'와 효율성으로
성장하는 살롱 문화

기존의 살롱들과는 다르게 신규 살롱의 경우는 시스템적으로 보완해야 되는 부분이 많이 발생할 수밖에 없다. 때문에 신규 살롱을 성장시키기 위해서는 '어떤 부분을 보완하고 어떤 부분을 부각시켜야 우리가 더욱 커나갈 수 있을까?'라는 측면을 집중해서 봐야 된다.

이런 부분 중 특히 대표적 사례가 업무 동선의 효율성에 관한 것이다. 사람은 공간적 경험을 통해서 익숙함을 느끼는 존재이다. 따라서 현재의 동선에 불편함과 업무상 비효율성이 있다고 해도 일정 시간이 지나면 곧 거기에 익숙해지게 된다.

대표적으로 3~4년 차 이상의 살롱에 가보면 충분히 업무에 효율적이고 능률적인 동선과 자리가 있는데도 불구하고 고객과 미용인 모두 현재의 불편함을 감수하는 경우가 있다. 그 까닭은 불편함에 익숙해졌기 때문이다. 이런 상황이 지속되면 당연히 효율성이 떨어지고 성과가 적을 수밖에 없다. 새로 오픈하는 살롱의 경우 아직 시간이 오래 경과하지 않아 문제점이 고착되지는 않았을 것이다. 하지만 개선되지 않으면 곧 큰 문제로 확대될 잠재적 가능성이 높다. 따라서 효율적으로 일할 수 있는 방법을 고민하고, 그 부분을 개선하는 것이 목표가 되어야 한다.

그러면 어떻게 해야 이런 문제를 개선할 수 있을까?

나는 이 방법을 '간단명꾸'라고 부르는데, 간단하고, 단순하고, 명확하고, 꾸준하게 할 수 있는 요소들을 피드백하고 개선해 효율성 높은 시스템을 정착시키는 것이다.

'간단명꾸'에서 포인트를 두어야 할 부분은 크게 3가지이다.

첫째, 고객서비스이다.

오픈 초창기 때는 당연히 고객 만족의 기준을 높게 두기 때문에 다양한 시스템을 운용한다. 대표적으로 음료 서비스인데, 다양한 고객의 취향을 만족시키고 싶기 때문에 4~5가지가 넘는 음료를 운용하게 된다. 물론 이렇게 종류가 많은 음료를 제공하는 것이 나쁘지는 않다. 다만, 피드백을 통해 질 좋은 5개의 음료를 제공할 수 있도록 해야 한다.

예를 들어, 아이스티의 경우 가루형과 음료형이 있다. 원료를 물과 믹스해 제공하게 되는데, 농도가 너무 진하거나 옅어 고객들이 많이 남기는 상태라면 고객 만족의 기준이 떨어진다고 보아 낭비되지 않도록 관리하는 것이 중요하다. 다른 것들도 마찬가지이나, 일반적으로 제공되는 스낵이나 과자도 고객이 실제로 먹지 않는다면 모두 비용의 낭비이고, 준비과정에 드는 노력도 낭비가 된다. 우리 살롱 고객들의 취향에 맞춰 노력과 비용을 지출했을 때 고객이 만족해야 효율성이 높아진다. 때문에 이런 음료나 비품은 처음부터 대량구매해서 제공하기보다는 소량구매해 테스트할 수 있도록 고객의 피드백을 거친 다음 효율적으로 운용하는 것이 중요하다.

둘째, 서비스이다.

요즘 스파가 워낙 핫해서 너도나도 살롱에서 스파 서비스를 중점으로 운용하고 있는데, 그러다 보니 자연스럽게 고객의 로테이션은 떨어지고 딜레이가 생기게 된다. 그러면 매장의 입장에서는 고객 딜레이로 인한 효율성의 문제가 발생한다. 모든 고객이 스파를 좋아할 거라고 생각하지만, 사실 모두가 그렇지는 않다. 시간 여유가 많지 않은 고객은 샴푸 서비스를 너무 오래 받는 것을 좋아하지 않는다. 그렇다면 고객이 선택해서 필요하지 않다고 느낄 수 있는 부분에서 조율하는 것이 중요하다.

이런 부분은 모든 서비스에 다 적용되어야 한다. 커트, 펌, 컬러 시술 시 고객의 만족을 고려하지 않고 일방적으로 서비스를 제공하다 보면 고객 만족과 무관하게 시간과 노력만 소비되는 경우가 생긴다. 때문에 시술 시 서비스되는 부분들에 있어서 고객 만족의 기준을 잘 파악해야 한다.

셋째, 교육이다.

교육의 경우도 살롱 입장에서는 성장을 위해 중요하게 생각하는 부분 중 하나이며, 따라서 오픈한 살롱은 효율적으로 교육받는 것이 중요하다. 보통 오픈 초창기에는 제품회사를 통해서 많은 교육들을 제안받게 되는데, 살롱들이 이러한 교육을 받을 때 가장 우선적으로 원하는 것은 '트렌드'이다. '요즘 뭐가 제일 잘나가요?'라는 질문은 미용 전반에서 중요한 관심사이기 때문이다.

하지만 트렌드를 읽어내는 것에 못지않게 새로 오픈하는 살롱에 중요한 것은 업무 효율성이다. 새로 오픈하는 살롱에 가장 시급한 것은 효율적인 업무 진행을 통한 능률성의 확보이다. 따라서 명확하고 빠른 시술이 최우선적으로 선행되어야 하고, 이에 관한 교육을 받는 것이 좋다.

실제로 살롱을 오픈하고 한두 달은 직원들이 살롱에 익숙해져 있지 않기 때문에 우왕좌왕하면서 시간을 낭비하는 경우가 많다. 이런 부분을 최대한 효과적으로 관리하기 위해서는 먼저 매장의 시스템과 시술, 그리고 CS에 대한 부분을 집중적으로 교육해야 한다. 그리고 이후에 시스템에 대한 부분이 충분히 익숙해진다면 트렌드에 대한 교육이 진행되어야 한다. 이처럼 교육의 우선순위를 선택하는 것도 살롱의 효율성을 높이기 위해 중요한 부분 중 하나다.

오픈하는 매장은 정말 관리할 것도, 성장해야 할 부분도 많다. 성장을 하기 위한 투자는 오너와 경영자에게는 반드시 필요한 자질이다. 따라서 살롱에 성장에 직접적으로 영향을 줄 수 있는 부분에 투자해 효율성 높은 살롱으로 성장하길 바란다.

08

살롱의 지속가능한 성장은 시스템에 의해 결정된다

우리는 시스템의 중요성을 알고는 있지만, 실제로 시스템을 깊이 이해하거나 활용하려고는 하지 않는다. 새로운 스마트폰이나 최신의 제품을 사게 되면 여러가지 유용한 기능들이 많이 업그레이드 되어 있는데, 막상 스마트폰을 구매하거나 사용하는 사람을 보면 시스템의 특성을 이해하지 못하여 기존제품의 성능을 10%밖에 사용하지 못 하는 것이 일반적이라는 조사 결과가 그 증거이다.

이처럼 성능 좋고 기능도 많은 최신 제품을 가지고 있지만, 막상 이를 100% 활용하지 못하는 것은 보통 두 가지 원인 때문이다. 첫째, 시스템의 특성을 이해하지 않으려고 하고, 둘째, 공부하지 않으려 하는 까닭이다.

나는 살롱 업계도 마찬가지라고 생각한다. 매년 네이버나 카카

오, 인스타그램, 유튜브는 업데이트를 통해 최신 버전의 시스템을 선보이고, 각 시스템들은 저마다의 특성을 가지고 기능들을 업데이트하게 된다.

그런데 미용인들은 이러한 시스템의 특성 등을 배우려 하지 않고 오직 기존에 사용했던 방법만을 고수하기 때문에 현재의 사용법과 맞지 않게 되는 것이다. 이 부분을 구체적 사례를 들어 좀 더 자세히 언급해 보겠다.

과거에는 고객관리 프로그램이 고객 이름과 연락처, 시술 내역 정도만 보여주는 것이 일반적이었다면, 이제는 연매출 분석, 고객 동향 파악, 객단가, 유동고객수 등의 데이터까지 보여주는 시대로 시스템이 변화되었다. 하지만 여전히 대부분의 오너들은 고객관리 용도로만 이 시스템을 사용 중이다. 이는 원래의 기능을 10%도 이해하지 못하고 사용하고 있는 거나 마찬가지다.

현대미용은 정말 많은 것들을 이해하고, 배우며, 활용해 시스템을 구축해 성장해 나가야 한다. 시스템의 중요성은 활용에만 그치는 게 아니라 지속가능한 성장에도 큰 영향을 미친다. 디자이너를 성장시키고 싶다든가 매장에 매출 고객수 등을 성장시키고 싶다면 저마다 브랜드 고유의 노하우와 시스템이 있어야 하는 시대이다. 과거처럼 그냥 "열심히 하면 돼"라고 이야기한다면 사실 아무 일도 일어나지 않는다.

정확면서도 빠르고 크게 성장하는 데 있어서는 시스템이 가장 중요하므로, 이를 잘 구축해 활용할 수 있어야 한다. 카이정헤어는 디자이너들을 성장시키기 위해 고객수를 가장 중요한 기준으로 바라본다. 그렇다면 고객수의 증가나 성향 분석이 우리에게 있어서 중요한 부분이다. 고객수를 한눈에 파악하고 증감의 추세를 분석할 방법이 없다면 애초에 성장 시스템 자체가 없다고 봐야 한다. 때문에 카이정헤어는 포스데이터 외에도 별도의 시스템을 구축해 3개월간의 고객수를 '신규', '기존', '소개'로 나눠 관리할 수 있는 고객 관리 시스템을 구축하고 있다. 이렇게 하는 이유는 신규 고객이 적으면 마케팅의 문제, 기존 고객이 이탈되면 살롱워크의 문제, 소개 고객이 적으면 만족의 문제가 있다는 피드백을 내기 위해서 정확하게 데이터를 보기 위함이다.

그럼 실제로 이런 것들을 분석하고 파악하는 게 디자이너 성장에 도움이 될까? 결과적으로 볼 때 이보다 더 정확하게 성장할 수는 없다. 따라서 시스템의 중요성은 누차 강조해도 지나치지 않다.

그럼 시스템을 구축하기 위해서는 어떻게 해야 할까?

첫째, 분석할 수 있는 자료를 만들어 내는 것이 중요하다. 포스데이터 하나를 입력하더라도 명확하게 시술을 분류하고, 신규와 재방, 소개 고객을 분류하며, 가격을 정확하게 입력해 데이터를 산출하면, 해당 항목들을 한눈에 분석할 수 있는 자료가 된다.

실제로 살롱 컨설팅을 해보면, 자료를 분석하기 위해 포스에 들어갔을 때 일관되고 명확하게 입력되어 있지 않은 데이터 때문에 기준을 마련할 수 없어 해당 살롱의 문제를 피드백하기 곤란한 경우가 많다. 따라서 데이터 경영을 하기 위해서는 포스 데이터를 정확하게 만들어 내는 것이 중요하다.

둘째, 살롱의 매뉴얼이나 시스템을 매뉴얼북화 하는 것이 중요하다. 매장의 고객응대 시스템이나 서비스 멘트, 컴플레인 처리 방법 등을 구축해 살롱에 소속되는 모든 사람들이 한 방향과 방법으로 살롱의 시스템을 이해하고 적용하도록 해야 한다. 신규 오픈 살롱의 경우 이런 시스템의 부재로 인해 오너 자체가 시스템이 되는 경우가 많다. 1인숍의 경우는 문제가 없겠지만, 직원 채용이 늘어날수록 시스템의 부재로 인한 문제는 가속화된다.

살롱의 성장은 단순히 노력으로만 이루어지지는 않는다. 데이터 경영이라는 말이 있을 정도로 현재 기업들은 그들이 구축해 놓은 시스템을 믿고 체계적으로 성장해 나가고 있다. 헤어살롱도 마찬가지다. 이제는 단순히 어떤 정보와 데이터도 없이 시스템을 구축하지 못한 채 운영하는 살롱 경영을 통해서는 지속가능한 성장을 이룰 수 없는 시대임을 명심해야 한다.

데이터 경영과 감성 경영의
확산을 꿈꾸며

지난 코로나19 팬데믹 위기 속에서 세상의 모든 것이 위축되고, 오로지 이 거대한 태풍이 빨리 지나가기만을 모두가 숨죽여 기다렸지만, 카이정헤어는 폭발적인 성장을 이뤄냈다. 그리고 그 성장의 두 가지 큰 축은 바로 데이터 경영과 본질 경영이었다.

그저 나열된 숫자는 아무런 의미를 지니지 못하지만, 분석·가공을 거쳐 시스템을 구축하면 데이터가 된다. 카이정헤어를 찾아오는 고객의 정보도 마찬가지이다. 고객의 취향을 명확히 파악하고, 그들이 재방문해야 할 이유를 분명하게 알려주며, 궁극적으로는 그것을 브랜딩에 집중할 때, 살롱은 지속성장할 수밖에 없다.

이 책은 그런 의미에서 단순히 미용 분야에만 국한되지 않고 고객과 직접 소통하는 상황이 빈번한 모든 서비스 업종에 공통적으로 적용될 수 있는 경영 방법론이기도 하다.

한류가 전 세계를 휩쓸고, 이러한 현상은 이제 일시적이 아니라 하나의 문화콘텐츠 산업으로, 세계적 트렌드의 한 축으로 자리 잡았다. 헤어 산업은 이와 더불어 해외에서도 각광받는 우리 뷰티 문화의 한 축이 된 지 이미 오래되었다. 하지만, 넓어진 외연에 비해 과연 대한민국 헤어살롱들의 경영 방식도 그에 부합하게 내실을 다졌는가를 되물어 보면, 선뜻 긍정적인 답변을 하기 어려운 것이 현실이다.

헤어 비즈니스의 판도가 바뀌었다. 그리고 카이정헤어는 그 바뀐 판도를 끌어가는 살롱 성장 경영의 해답을 제시하고자 한다. 이 책 《체인지업4.0》(헤어 비즈니스 시장의 판을 바꾸는 남자)를 통해 위기 속에서 성장 경영을 성공적으로 이뤄낸 나의 노하우가 널리 공유되기를 희망한다.

카이정

북큐레이션 • 판이 바뀌는 시대, 새로운 세상을 주도하는 이들을 위한 라온북의 책

《체인지업 4.0》과 함께 읽으면 좋을 책. 기존의 경영이 통하지 않는 급변의 시대, 남보다 한발 앞서 미래를 준비하는 사람이 주인공이 됩니다.

판을 바꾸는
질문 경영 챌린지

300% 질문 경영

박병무 지음 | 13,500원

**생존을 위해 300% 성장하는 경영의
핵심 노하우가 실린 실전 지침서**

이 책은 핵심을 꿰뚫는 리더의 질문은 능동적이고 생산적인 회의 분위기를 만들고 리더의 경청과 인내는 기업 문화를 바꾸어 마침내 경영 프로세스의 체질까지 바꾸는 혁신으로 이어질 것임을 보여준다. 그리고 그 솔루션인 질문 경영 전략을 제시하고 있다. 괄목할 만한 기업 생산성과 효율성의 향상을 꾀한다면 대기업, 중소기업을 막론하고 조직혁신의 지름길인 질문 경영 프로세스로의 리셋 작업을 서둘러야 한다는 것을 이 책에서 질문 경영 성과 사례들을 통해 피부로 느낄 수 있을 것이다.

혁신을 가져오는
'3P' 영업 비법

300% 강한 영업

황창환 지음 | 14,000원

**내 기업의 강점은 살리고 매출을 올리고 싶은가?
강한 기업을 만드는 강한 경영자가 되는 비밀을 담았다!**

3년 적자 기업을 신규 고객 창출로 흑자 전환한 경험, 2년 만에 40개가 넘는 신규 지점을 개설한 경험, 폐점 직전이었던 매장의 영업 실적을 50% 이상 증대시킨 경험, 정체되어 있어 있던 매출을 두 자릿수로 성장시킨 경험 등 저자의 실제 영업 성공 사례와 생생한 노하우를 한 권에 담아냈다! 언제 어디서나 기업에 혁신을 일으킬 수 있는 영업 비법을 손에 쥐고 싶은가? 시대와 시장의 흐름에 영향받지 않는 지속적인 매출과 경영 성과를 얻고 싶은가? 그렇다면 지금 당장 강한 기업이 되기 위한 첫 번째 관문, 바로 '강한 영업'을 시작하라.

플랫폼과 콘텐츠의
관계 분석

애프터 코로나 비즈니스 4.0

선원규 지음 | 18,000원

**강력한 생태계를 만들어가는 플랫폼 사이에서
생존하는 콘텐츠를 발견하라!**

앞으로의 미래 시장에서 살아남으려면 플랫폼과 콘텐츠 중에서 어떤 것에 중
점을 두어야 할까? 이 책은 이 문제에 대해 해결점을 찾아갈 수 있도록 플랫폼
과 콘텐츠를 자세히 다루고 있다. 현 사회와 플랫폼과 콘텐츠의 상관관계를 이
야기하며 플랫폼과 콘텐츠 사업모델의 다양한 종류를 소개한다. 또한 어떻게
해야 강력한 플랫폼과 콘텐츠를 만들 수 있을지 그 전략을 설명하며 앞으로의
미래 시장의 전망을 다루고 있다. 이 책을 통해 수많은 콘텐츠가 유입되는 사
랑받는 플랫폼, 플랫폼의 러브콜을 받는 콘텐츠를 개발할 수 있을 것이다.

불황을 돌파하는
비즈니스 전략 통찰
34가지

턴어라운드 4.0

이창수 지음 | 17,000원

**하이 아웃풋(High Output)을 만들어
기업의 턴어라운드를 발생시키는 전략 통찰법!**

《턴어라운드 4.0》은 기업의 멋진 항해를 도와주는 도구인 환경과 시스템을 구
축하기 위해 기업과 경영인이 갖춰야 할 전략과 통찰을 정리한 책이다. 저자
의 30년의 경험이 녹아 있는 기업의 턴어라운드 프로세스는 언제 사라져도 이
상하지 않은 부실기업을 '강력한 기업'으로 재탄생시켜줄 수 있는 비결을 상세
히 알려준다. 어려운 상황에서도 기업의 성공과 발전을 달성할 수 있도록 미
래를 정확하게 예측하고 철저히 기획하는 데 이 책이 큰 도움이 될 것이다.